ESSAI

D'UN

LEXIQUE GÉOGRAPHIQUE

(Extrait des *Mémoires de l'Académie de Stanislas*, 1885.)

ESSAI

D'UN

LEXIQUE GÉOGRAPHIQUE

PAR

M. J. V. BARBIER

OFFICIER DE L'INSTRUCTION PUBLIQUE

MEMBRE DE L'ACADÉMIE DE STANISLAS

SECRÉTAIRE GÉNÉRAL DE LA SOCIÉTÉ DE GÉOGRAPHIE DE L'EST

CORRESPONDANT

DE DIVERSES SOCIÉTÉS DE GÉOGRAPHIE FRANÇAISES ET ÉTRANGÈRES

PARIS

BERGER-LEVRAULT ET Cⁱᵉ, ÉDITEURS

5, rue des Beaux-Arts

MÊME MAISON A NANCY

1886

ESSAI

D'UN

LEXIQUE GÉOGRAPHIQUE[1]

AVANT-PROPOS

Dans les premiers mois de cette année, j'avais commencé la feuille XXVI de mon atlas — laquelle comprend une grande partie des pays de l'Extrême-Orient — quand, la planimétrie terminée, au moment de *faire la lettre*, je m'aperçus des difficultés énormes que j'aurais à vaincre pour orthographier convenablement tous les noms géographiques, tant, à cet égard, les sources sont discutables. Si je consultais des cartes françaises, officielles et autres, je constatais qu'elles sont toutes, pour le texte comme pour la planimétrie, en contradiction fréquente entre elles ; si je consultais les cartes étrangères, je constatais également que les cartographes allemands et anglais, bien moins fantaisistes sans doute que certains des nôtres, sont pourtant parfois aussi en opposition avec leurs

---

1. Extrait des *Mémoires de l'Académie de Stanislas*, 1885-1886.

confrères de même nationalité : je laisse à penser ce qu'il pouvait advenir du rapprochement simultané des cartes françaises, anglaises et allemandes.

Comment sortir de là ? Copier aveuglément tel ou tel auteur, quand, à chaque instant, l'instinct de tout homme rompu à la manipulation journalière des cartes, à leur analyse comme à leur traduction, me révélait des inconséquences criantes sans que j'eusse aucun moyen d'y remédier ? C'est un rôle auquel ne se prête jamais un cartographe qui se respecte. Chercher dans les dictionnaires géographiques la transcription raisonnée des noms étrangers ? Mais nous n'en avons point de véritablement scientifique à ce point de vue. S'adresser aux auteurs d'outre-Rhin ou d'outre-Manche ? Mais ce serait faire de la transcription par ricochet et doubler les chances d'inexactitude [1]. Les voyageurs ? Il n'en est pas deux qui soient d'accord sur ce point. Les cartes officielles ? J'ai dit ce qu'il en était, et leurs auteurs, jusqu'ici, n'ont eu, que je sache, grand souci d'entrer dans ce détail.

On verra, au cours de l'étude que nous allons entreprendre comment, en présence d'un tel dilemme, l'homme le moins initié du monde au début, est parvenu à le

---

1. Il est cependant des cas ou, comme on le verra par la suite, il faut recourir aux transcriptions étrangères. C'est quand il s'agit, par exemple, de colonies occupées depuis longtemps par telle ou telle nation européenne et dans lesquelles, soit que la transcription officielle fasse loi, soit que les possesseurs aient aussi fidèlement que possible transcrit les noms originaux, on est obligé de se baser sur les transcriptions déjà faites, sauf à les contrôler en remontant aux sources, c'est-à-dire aux appellations étymologiques ou aux concordances phonétiques connues.

résoudre, comment il a l'audace aujourd'hui de présenter au public intelligent un travail de phonétique comparée et quasi-universelle.

Mais avant d'entrer en matière, je dois citer un fait topique et remplir un devoir.

Voici le fait. Au nombre des cartes que j'ai pu réunir se trouve la carte minuscule (au 1/3,500,000ᵉ) du Tong-King due à un voyageur très compétent et très écouté, M. Romanet du Caillaud. Dans le texte de cette carte, publiée en 1879 par la Société de géographie de Paris, l'auteur a conservé la transcription dite des missionnaires dont l'alphabet est, comme on sait, très compliqué par des signes diacritiques nombreux : source fréquente d'erreurs de la part de tous les géographes sans exception.

Rechercher donc la clef de cet alphabet, la valeur de tous ces signes fut l'une de nos plus pressantes occupations. Je m'adressai tout d'abord à M. Romanet du Caillaud qui me dit avoir modifié lui-même certains caractères de l'alphabet en question et tenir pour impossible de me donner la prononciation française, même approchée, de ses diverses lettres. Tout ce qu'il m'apprit, c'est que l'alphabet annamite, dit des missionnaires, s'appelle l'alphabet *quoc-ngu*. A l'école des langues orientales vivantes, on ne le connait pas sous un autre nom. M. le comte de Bizemont voulut bien m'aider dans la recherche de l'alphabet *quoc-ngu* et ne trouva rien dans la bibliothèque ni aux Missions étrangères. Il en référa à M. l'abbé Lesserteur, ancien directeur des missions en Indo-Chine de qui j'appris : 1° que l'alphabet *quoc-ngu* se trouvait dans la grammaire annamite de M. Aubaret, selon lui la meilleure, et 2° que le nom général d'alphabet des missionnaires s'appliquait à diverses transcriptions, suivant la nationalité où se sont recrutées les missions et le pays où elles se sont établies. Ces alphabets ont été acceptés par les linguistes ou modifiés par eux pour les adapter aux règles actuelles de la phonétique. Seul, l'alphabet *quoc-ngu*, pour les causes que nous dirons en temps utile, a subsisté intégralement chez les grammairiens, mais très altéré par les géographes.

M. Romanet du Caillaud, on l'a vu, a lui-même fait, assez arbitrairement, de ces modifications[1]. On peut donc juger, dès maintenant, de la circonspection avec laquelle je devrai transcrire, d'après lui, les noms de la région tong-kinoise et se demander ce que l'on doit penser de l'emploi, dans des cartes faites à l'usage de tous, d'un alphabet dont l'auteur même de ces cartes ne peut donner la prononciation approximative.

Je n'en suis pas moins reconnaissant, — et c'est ici le devoir qui me reste à remplir — à M. Romanet du Caillaud et surtout à M. de Bizemont, à l'un pour ses renseignements, à l'autre pour les nombreuses recherches dont il a bien voulu se charger pour moi. Je dois beaucoup aussi à M. Maurice Vélin qui m'a procuré une grammaire, des dictionnaires et surtout une excellente

---

1. Carte précitée.

carte russes ; à M. René Basset, professeur de littérature
arabe à l'École supérieure des lettres d'Alger pour ses
judicieuses observations et ses conseils éclairés sur les
transcriptions arabes ; à M. le général Parmentier dont
les avis m'ont été précieux, et aux travaux duquel j'ai
eu fréquemment recours, en dehors des sources nombreuses auxquelles j'ai puisé.

Je citerai celles-ci en leur temps. Je ne saurais oublier
non plus, dans l'expression de ma gratitude, mon excel-
lent collègue, M. Favier, conservateur de la bibliothèque
de Nancy, à l'aide de qui j'ai fait plusieurs découvertes in-
téressantes, ni M. Panigot, bibliothécaire, dont l'obli-
geance s'est montrée, comme toujours, inépuisable [1].

Dans une citation que l'on va trouver plus loin, le
général Parmentier a évoqué les souvenirs des linguistes
de l'École de Nancy. Plusieurs ont illustré à ce point
l'Académie de Stanislas, que j'éprouve une crainte bien
légitime en venant à leur suite, dans un ordre d'idées
différent toutefois, lui présenter cette étude. Mais la
notoriété de mes auteurs, ma scrupuleuse sincérité à
rechercher la vérité, l'intime conviction, sinon la certi-
tude, de répondre à un besoin impérieux et général, me
donnent quelque courage. Le seul caractère d'utilité de

---

1. Depuis lors, j'ai aussi quelque obligation à M. le ministre de la
marine et à M. le vice-amiral, directeur général des services hydro-
graphiques, pour les renseignements que j'ai reçus concernant les bases
de la décision à intervenir au sujet de la réglementation des transcriptions géographiques dans les cartes marines.

Suivant qu'il y aura lieu, cette communication fera l'objet de notes
spéciales ou d'une annexe à mon travail.

mon œuvre, à défaut de tout autre mérite, lui vaudra sans doute, un bon accueil tant de l'Académie que du public, et peut-être ne la jugera-t-on pas, à ce titre, trop indigne de figurer à la suite de celle de mes illustres prédécesseurs.

I

HISTORIQUE ET ÉTAT ACTUEL DE LA QUESTION DE LA TRANSCRIPTION DES NOMS GÉOGRAPHIQUES.

Il y tantôt quarante ans qu'un de nos géographes les plus autorisés, le cher et vénéré Eugène Cortambert, justement préoccupé des anomalies de notre langage géographique, soit au point de vue de la prononciation, soit à celui de l'orthographe, jetait le cri d'alarme et demandait, dans une communication publiée depuis lors par la Société de géographie de Paris [1], que l'on remédiât au plus tôt à un état de choses vraiment lamentable.

Cependant, — sans remonter jusqu'au roi Chilpéric qui s'est préoccupé, dit-on, de la transcription de quelques lettres de l'alphabet germanique par l'alphabet latin, — vers le commencement du siècle, en 1805, Volney avait publié son *Rapport sur les vocabulaires comparés de tous les peuples de la terre, du professeur russe Pallas*, et, en 1819, son *Alphabet européen appliqué aux langues asiatiques*. Son système fut combattu par la majeure partie des orientalistes; mais cet échec ne

---

1. *Bulletin de la Société de géographie de Paris*, 1846.

le fit pas désespérer de la cause et, en mourant, il fonda un prix que beaucoup ont mérité sans avoir pourtant réalisé l'idéal de l'illustre philologue : l'alphabet universel des transcriptions, encore qu'il limitât son programme à la transcription des langues orientales.

En 1828, avant même que l'Institut crût devoir élargir, changer même ce programme, le prix fut décerné à M. Schleiermacher[1] pour son *Aperçu de l'alphabet harmonique pour les langues asiatiques*. En 1835, le même auteur[2] publiait en français, à Darmstadt, un grand in-8° sur *l'Influence de l'écriture sur le langage, suivie des grammaires Barmane et Malaie*.

L'année suivante, en 1836, M. Eichhoff publiait son *Parallèle des langues de l'Europe* dans lequel, paraît-il, les linguistes ont relevé des erreurs et des rapprochements non justifiés qu'il a fait disparaître en partie, depuis lors, dans sa *Grammaire indo-européenne*[3], sans avoir davantage trouvé grâce devant ses critiques.

Malgré cela, il me semble que, dans l'application toute spéciale aux transcriptions géographiques où, en somme, la phonétique tient la première place, les géographes eussent pu tirer un bon parti de la concordance alphabétique établie par Eichhoff entre le *sanscrit*, le *bengali*, le *zend*, le *phénicien*, l'*hébreu*, le *syriaque*, l'*arabe*, le *persan*, l'*éthiopien*, le *copte*, l'*arménien*, le *géorgien*, le *mandchou*, le *t'ibétain*, le *barman*, l'*indoustani*, aussi bien que des travaux de Schleiermacher et de Volney.

---

1. Le prix fut partagé.
2. Alors conseiller intime de son Altesse le grand-duc de Hesse.
3. Publiée en 1858 et en 1867 (1 vol. in-8°).

Mais M. Cortambert, aussi bien que les géographes de son époque — ceux-là mêmes qui, trente ans plus tard, firent avec lui partie d'une commission toute privée, aux fins de résoudre cette question — ne paraissent pas avoir connu ou utilisé ces travaux. Pendant cette longue période, pourtant, Bopp publia notamment son *Glossarium sanscritum, in quo omnes radices et vocabula usitatissima explicantur, et cum vocabulis graecis, latinis, germanicis, lithuanicis, slavicis, celticis comparantur* (nouvelle édition, 1840), son livre sur les *Rapports des langues malaiso-polynésiennes avec les langues indogermaniques* (1841) et sa *Grammaire comparée des langues sanscrite, zende, grecque, latine, lithuanienne, slave ancienne, gothique et allemande* (2e édition refondue en 1857), traduite en français, en 1868, par Michel Bréal; Müller (Max), — qui fut aussi lauréat de l'Institut et obtint, en 1849, le prix Volney avec son ouvrage intitulé : *De la philologie comparée des langues indo-européennes, par rapport à leur influence sur la civilisation primitive de l'humanité*, — son *Projet d'un alphabet à l'usage des missionnaires* (Londres, 1854) ; et Lepsius, son *Alphabet de linguistique universelle* (Berlin, 1855) dont une édition transformée parut en 1863 sous le titre d'*Alphabet destiné à réduire les langues à une orthographe uniforme en caractères européens.*

La question n'est donc pas d'hier, et l'on peut à bon droit s'étonner qu'aujourd'hui elle ne soit pas plus avancée. Les géographes, il est vrai, ne lui ont pas — à en juger par le peu de souci qu'ils en ont pris — accordé une égale importance. Certains d'entre eux la jugeaient et la jugent encore insoluble ; d'autres, sans manifester

un dédain absolu à son endroit, disaient qu'il importait
peu, pourvu que l'on se comprît.

Mais précisément, on a bien du mal de se comprendre
avec ce mélange hétéroclite de mots empruntés à tous
les idiomes, transcrits plus ou moins inexactement par
des voyageurs ou des géographes de langues ou de nationalités diverses, et, si l'on n'y prenait garde, les livres
et les cartes géographiques présenteraient bientôt une
confusion à laquelle celle des audacieux édificateurs de
Babel serait à peine comparable.

Il n'est pas besoin, pour le reconnaître, de sortir
d'Europe. En France même, nos dénominations géographiques offrent des exemples d'inconséquence, tantôt
dans l'orthographe, tantôt dans la prononciation ; c'est
par centaines que les relève M. Cortambert dans son
instructif opuscule. Je ne puis entreprendre de les citer
ici et je renvoie ceux que la question intéresse à la publication du savant géographe.

A dire vrai, M. E. Cortambert s'est contenté de signaler
le mal et d'appeler, sur ce point, l'attention des auteurs,
des voyageurs et des cartographes. C'est en vain que
l'on chercherait, dans sa note, les traces d'une conclusion, les prémisses d'une règle à suivre.

C'est qu'aussi bien la question est si complexe,
elle semble exiger surtout un tel ensemble de com-
pétences diverses, une si universelle connaissance des
langues, que beaucoup de géographes de grand savoir et de linguistes réputés pouvaient hésiter à l'entreprendre.

Pendant une longue période, aucun remède ne fut proposé au mal signalé par M. Cortambert. Peut-être, dans

quelques congrès, de timides vœux furent-ils présentés et votés, mais ils ne reçurent aucune sanction.

Cependant le problème à résoudre n'a pas laissé de préoccuper les géographes les plus accrédités, voire même les plus illustres de ces derniers temps. E. Reclus a apporté déjà, sinon des règles définitives, car il ne s'est pas occupé de codifier les données d'après lesquelles il a orthographié les noms géographiques, mais des modifications essentielles dans plusieurs catégories de mots. Faute de cette codification, il n'a pas toujours été égal à lui-même et il n'a pas toujours eu un même souci de se montrer exact ou logique dans ces transcriptions. C'est fâcheux, car un ouvrage de l'importance de la *Géographie universelle* est de ceux où l'on devrait pouvoir puiser comme à une source originelle et trouver une solution à toutes les questions, des éclaircissements à tous les doutes.

Je me hâte d'ajouter que, malgré ces négligences partielles, aucun ouvrage encore ne rivalise, en France, avec celui-là ; aucun auteur même n'a tranché avec plus de décision plusieurs des incertitudes qui pèsent sur la transcription des noms géographiques. Sans donc m'arrêter, pour le moment, à des critiques de détail, il me suffit de constater que notre grand géographe a réformé déjà bien des abus et a tenu quelque peu compte des avertissements de son prédécesseur. J'aurai à le citer d'ailleurs, dans le cours de ce travail préliminaire, pour appuyer de son témoignage plus d'une considération et plus d'un argument, aussi bien que pour relever telles des incorrections ou des négligences qui lui sont échappées.

On était en droit d'espérer, d'autre part, qu'une des plus grandes autorités en géographie, M. Vivien de Saint-Martin, n'aurait pas manqué de peser de toute son influence pour régler, dans son *Dictionnaire de géographie universelle,* cette question à double face. Rien cependant ne révèle le moindre souci de l'auteur à cet égard. Il n'en dit mot dans sa préface et son mode de transcription — si même il en a eu un — indique une trop grande variété dans l'application, pour que les exceptions n'aient pas emporté la règle. A l'origine de cette importante publication, le général Parmentier n'a-vait pas, il est vrai, commencé, non d'élaborer une méthode, mais, ce qui était d'un intérêt plus immédiat, de réunir les éléments, langue par langue, d'une transcription raisonnée. C'est en 1877 seulement, qu'il présenta au congrès de l'Association pour l'avancement des sciences un mémoire modestement intitulé : *Quelques observations sur l'orthographe des noms géographiques.*

C'est toute une révélation que ce mémoire. Non seulement il relève, à la suite de Cortambert, toutes les inconséquences de notre orthographe — je devrais dire notre manque d'orthographe — géographique ; mais il critique avec autant de vigueur que de logique notre déplorable habitude de tronquer, de dénaturer tous les noms géographiques sans plus de souci des étymologies que des similitudes phonétiques. Par la mauvaise raison — quand on en invoque une — de l'insuffisance reconnue notoire de notre alphabet et de difficultés très grandes, sinon d'impossibilités, à plier notre langue aux prononciations étrangères, nous francisons — ce qui ne serait qu'un demi-mal, — chacun selon sa fantaisie

— ce qui est cause de l'inénarrable gâchis dont ne semble pouvoir sortir notre *nomenclature* (?) géographique.

Bien plus, si, dans son mémoire, le général Parmentier hasarde l'énonciation de quelques règles — admises sans opposition du reste par le congrès — il le complète par un rapprochement entre tous les alphabets de caractères latins. Dans un premier tableau, il indique la manière de rendre les sons et les articulations élémentaires de notre alphabet dans les diverses langues; par contre, dans un second tableau, il donne, en caractères français, la valeur des lettres des alphabets étrangers qui s'écrivent en caractères latins.

Le général Parmentier ne s'est pas arrêté là ; deux ans après, il publiait un autre travail sur la *Transcription pratique, au point de vue français, des noms arabes en caractères latins,* œuvre d'un tout autre ordre, car il s'agit là d'une langue dont les caractères n'ont rien de commun avec ceux de l'alphabet français ; quelques-uns mêmes en diffèrent, au point de vue de la phonétique, à un tel degré que leur représentation en français devient absolument conventionnelle. Deux ans après encore, c'est-à-dire au congrès d'Alger, en 1881, il donnait un *Vocabulaire arabe-français des principaux termes de géographie.* En 1883, au congrès de Rochefort, il communiquait un *Vocabulaire magyar-français,* et, en 1885, au congrès de Grenoble, un *Vocabulaire turk-français.*

Tandis que se poursuivait l'œuvre du général Parmentier et lors du *Congrès national des Sociétés françaises de géographie,* tenu à Nancy, en 1880, M. E. de

Luze présentait le premier projet de codification des règles de la transcription géographique. Ignorant, paraît-il, jusqu'en ces derniers temps, les travaux du général Parmentier et, sans doute, quelque peu linguiste lui-même, M. de Luze s'est montré, dans ce premier travail, sinon d'une compétence incontestée, tout au moins d'une grande netteté de vues. Et s'il n'a pas, à mon avis, suffisamment assoupli son système aux exigences de certains usages et aux difficultés matérielles de la pratique, il n'en a pas moins déterminé le point de départ d'une méthode rationnelle de transcription des noms géographiques. Ce n'est cependant que dans un travail, publié en 1883, dans le *Bulletin de la Société de géographie commerciale de Paris*, qu'il a complété l'exposé de ses recherches et les conclusions auxquelles elles avaient abouti. Il a donné un glossaire de certains termes géographiques étrangers, où bien des erreurs se sont glissées, et il s'est trompé lui-même en redressant ailleurs les erreurs d'autrui. Mais cela ne saurait lui rien ôter au sujet des règles qu'il a formulées.

Le général Parmentier, comme M. de Luze, devaient avoir des imitateurs ; l'un et l'autre n'ont eu que des plagiaires trop encombrants pour avoir quelque valeur : de ceux-là, je ne parlerai pas [1].

---

1. Bien entendu nous ne comprenons pas sous cette sévère réserve les travaux de la commission spéciale de la Société de géographie de Bordeaux. Cette commission, nommée dès 1881, et intitulée *Commission de terminologie et de prononciation géographiques*, a travaillé activement depuis cette époque, et elle a successivement présenté à nos réunions du congrès national des Sociétés françaises de géographie le résultat de ses recherches. Seulement le cadre de celles-ci s'est limité à la France et n'a aucun caractère d'universalité ni, par conséquent, d'ana-

Les choses en restaient là [1], quand, l'an dernier, la maison Hachette publia son atlas, traduit de l'atlas allemand d'Andrée, refondu et approprié à l'usage des Français. Pour la première fois, dans une publication géographique d'une certaine importance — quoique d'un prix assez en rapport avec les exigences de la vulgarisation, — était appliqué, sinon un système complet comme celui de M. de Luze, du moins un ensemble de règles analogues, une certaine méthode de transcription. Ses auteurs ont déclaré, dans leur préface, s'être principalement inspirés des données du général Parmentier. Cet atlas, précédé d'un glossaire [2] des mots les plus

---

logie avec les travaux des auteurs précités. Encore dois-je, en passant, constater l'indispensable utilité de l'entreprise de la Société de géographie de Bordeaux et je ne doute pas non plus qu'elle n'approuve celle à laquelle je me consacre ici, toutes réserves faites, du reste, au point de vue technique de mes conclusions.

1. Ceci n'est pas absolument vrai quant aux tentatives faites (voir « page 8, la commission à laquelle nous avons fait allusion). « Il y a « quelques années, m'écrit le général Parmentier, à la Société de géo- « graphie de Paris, une commission (sans mandat officiel) voulut faire pré- « cisément ce que vous avez entrepris. Son président était M. E. Cor- « tambert. On m'a fait l'honneur de me convoquer, en 1880, aux « séances de cette commission. J'ai assisté à quelques réunions et je me « suis vite convaincu que l'on marchait en pleines ténèbres... Aussi, après « trois ou quatre séances, j'ai écrit au secrétaire général de la Société « de géographie de Paris, pour me dégager de la commission dont je « faisais partie, pour ainsi dire, par surprise. » Depuis lors, la mort ayant enlevé le digne et vénéré E. Cortambert, on n'a plus entendu reparler de cette commission.

Je viens d'apprendre en outre, au moment de mettre sous presse, qu'une nouvelle commission, indépendante sans doute de celle du ministère de la marine, vient d'être formée à la Société de géographie de Paris, par l'initiative de M. Bouquet de la Grye : aboutira-t-elle mieux?

2. A propos de glossaire, quelques personnes ont cru devoir me rappeler les travaux de M. le commandant Peiffer. Je puis dire que je les suis depuis leur origine. Je les ai même fait connaître, en 1882, au *congrès national des Sociétés françaises de géographie* siégeant cette

usités dans toutes les langues, marque un pas des plus décisifs dans la voie nouvelle désormais ouverte aux cartographes.

Cependant, cette publication, non plus, n'a pas tout résolu : elle contient encore des traces des errements du passé.

Lors du dernier congrès des sociétés savantes à la Sorbonne, j'ai dit l'insuffisance des efforts tentés jusqu'aujourd'hui dans l'unification de la transcription des noms géographiques et signalé le besoin impérieux d'un *Lexique géographique* spécial.

Il faut avoir passé des années à manipuler, à consulter, à créer, à analyser, à traduire des cartes pour se rendre un compte exact, à la fois de la nécessité urgente de remédier au mal et des difficultés à vaincre pour y parvenir.

Encore dois-je dire, tout de suite, que ces difficultés ne sont pas insurmontables si, renonçant à un idéal de perfection et d'exactitude absolue, à jamais irréalisable, on apporte un égal scrupule à s'écarter le moins possible des données de la linguistique et à faire, des transcriptions géographiques, une langue susceptible d'être bien comprise, sinon bien parlée par tout le monde.

Mais n'anticipons pas, et, pour bien déterminer la position de la question, je citerai quelques-unes des considérations présentées par le général Parmentier.

----

année-là à Bordeaux, réparant ainsi, dans la mesure de mes moyens, l'ignorance et le délaissement du monde géographique à leur sujet, grâce sans doute à la négligence et au mauvais vouloir manifeste des éditeurs. Mais M. Peiffer n'a fait que du glossaire et non de la transcription générale

« Le but que je me propose, dit-il, dans son premier
« opuscule, c'est d'attirer l'attention sur une infériorité
« réelle et fâcheuse de la cartographie et de la choro-
« graphie françaises et de contribuer à la faire cesser
« au plus tôt.

« Pour les noms de lieux, de peuples ou de peuplades,
« les Allemands ont une orthographe allemande, les
« Anglais, une orthographe anglaise, les Italiens, une
« orthographe italienne. Seuls, les Français n'ont point
« de règles d'orthographe en géographie et ils emprun-
« tent, dans un pêle-mêle et une confusion qui frisent
« parfois le ridicule, la manière d'écrire des Anglais ou
« des Allemands, suivant la source où ils puisent leurs
« renseignements. Il suffit de comparer diverses cartes
« françaises de mêmes contrées, ou de suivre sur une
« des cartes une relation de voyage, ou encore de lire
« les journaux (et même les revues spéciales) dans les
« moments où quelque événement politique attire l'at-
« tention sur une contrée particulière du globe, pour
« être frappé de ces diversités orthographiques que rien
« ne justifie..... »

A l'appui de ce qui précède, le général Parmentier —
c'était pendant la guerre turco-russe — signale les
diverses manières d'écrire *Roustchouk*, *Bazardjik*, *Do-*
broudja, etc..... Tous ceux qui ont suivi la campagne
du Tong-King, savent combien ces réflexions s'applique-
raient même et surtout à l'orthographe officielle. Der-
nièrement encore, les lecteurs du journal *le Temps* [1],
ont pu constater les méprises qu'il a signalées dans le

---

[1]. Dans le numéro du 27 septembre 1885, si j'ai bonne mémoire.

récit des faits dont la ville de *Hoï-an'* et ses environs ont été le théâtre. Les dépêches officielles lui ont successivement donné quatre noms si diversement orthographiés qu'on a pu croire, un certain temps, qu'il s'agissait de quatre villes différentes.

Dans son second mémoire, le général Parmentier cite, comme exemple topique de la cacophonie complète du langage géographique, le mot *cheïkh* — qui veut dire à la fois : vieux, chef, notable — et il trouve cent soixante combinaisons auxquelles donnent lieu les diverses manières dont on a écrit ce mot.

« Aujourd'hui, dit-il ailleurs, ce sans-façon n'est plus « de mise : les géographes, les historiens de toute natio- « nalité s'efforcent de rendre les noms propres avec plus « d'exactitude ; mais je regrette d'être obligé de confes- « ser que, jusqu'à ce jour, ce ne sont pas les Français « qui y touchent de plus près. *Je pense donc que nos* « *géographes, sans se transformer en linguistes, doivent* « *pourtant se mettre à même de choisir, en connaissance* « *de cause, entre les transcriptions si diverses que su-* « *bissent les noms de lieux.....* »

Cette dernière déclaration — que j'ai soulignée à dessein — m'a mis tout à fait à l'aise. En forme de conclusion, au congrès de la Sorbonne, j'avais cru devoir adresser un pressant appel aux orientalistes, arabisants, sinologues, etc., pour créer, de première source, le *Lexique géographique* indispensable aujourd'hui à qui écrit ou consulte, dresse ou veut lire des ouvrages ou des cartes géographiques.

Malgré la publicité du *Journal officiel*, un seul homme répondit à mon appel : c'était M. de Luze. Malheureusement, comme on le verra par la suite, ses conclusions trop arrêtées rendirent toute entente impossible et tout projet fut indéfiniment différé.

Exposons d'abord le système de M. de Luze : voici les règles par lui énoncées.

« A. — *Noms propres.*

« 1° Conserver aux noms géographiques leur carac-
« tère national et supprimer, autant que possible, les
« noms francisés ou traduits en français.

« 2° Écrire les noms propres d'origine latine ou ger-
« manique (italiens, espagnols, portugais, allemands,
« hollandais, danois, suédois, anglais), conformément à
« l'orthographe officielle adoptée dans les pays auxquels
« ils appartiennent.

« 3° Transcrire, tels qu'on les prononce dans leurs
« pays d'origine, les noms géographiques hongrois, po-
« lonais, tchèques, croates, roumains, etc..... » (Cette règle vise donc spécialement les langues où l'alphabet latin est employé, mais avec des signes diacritiques qui leur donnent une valeur très différente.)

« 4° Adopter l'orthographe française pour les noms
« géographiques des pays où l'on ne fait pas usage de
« l'alphabet latin et les transcrire de façon à figurer
« aussi exactement que possible, leur prononciation. »
(Les langues dont il s'agit ici sont le grec, le russe, le bulgare, le turk, l'arménien, le persan, l'indoustani, le javanais, le japonais, l'arabe, le copte, le syriaque, etc.....)

« 5° Transcrire conformément à notre système pho-

« nétique les noms géographiques des pays où la langue
« écrite n'existe pas, en se basant principalement sur la
« nationalité des explorateurs qui en font mention. »

« B. — *Noms communs.*

« 1° Supprimer sur nos cartes les termes géogra-
« phiques étrangers, ainsi que toutes les abréviations
« qui ont le même sens et leur substituer partout le
« terme correspondant en français.

« 2° Maintenir entre parenthèses les termes géogra-
« phiques accompagnés d'un qualificatif quelconque et
« les faire précéder de leur traduction en français. »

Cette classification est si claire, si méthodique que
théoriquement, logiquement si l'on veut, on n'y voit
aucune objection. Nous verrons ce qu'il en advient dans
la pratique ; car là viennent échouer les auteurs de sys-
tèmes tout d'une pièce, ceux qui, ne tenant compte ni
des traditions de la linguistique, ni de l'autorité des précédents les plus incontestés, ni des nécessités qu'imposent les circonstances, les usages les plus justifiés ou
les mieux acquis, entendent tout plier à une règle d'autant plus impraticable qu'elle est plus logique en théorie
et plus inflexible dans son application

Il convient ici de rapprocher du programme précé-
dent, la récente décision — car ce n'est pas simplement
un vœu platonique — du conseil de la *Royal Geographical Society* de Londres sur le même sujet, laquelle
comprend les huit articles suivants :

« 1° *On ne changera pas l'orthographe des noms*
« *étrangers dans les contrées qui emploient les lettres*

« *romaines*. Ainsi, les noms espagnols, portugais, alle-
« mands, français, etc., etc..., seront écrits comme chez
« ces nations respectives.

« 2° Aucun changement ne sera fait non plus à la pro-
« nonciation de certains noms qui ne sont pas écrits en
« caractères romains, mais qui sont devenus d'un usage
« long et familier chez les lecteurs anglais, tels que Cal-
« cutta, Cutch, Celebes, Malacca, etc., qui sont mainte-
« nus dans leur forme actuelle.

« 3° Le vrai son des mots, suivant la prononciation
« locale, sera pris comme base de l'orthographe.

« 4° Par approximation, autant que possible, on visera
« seulement à se rapprocher du son. *Un système dans*
« *lequel on voudrait essayer de représenter mieux les*
« *délicates inflexions de son et d'accent, deviendrait tel-*
« *lement compliqué que seul il se détruirait lui-même.*
« Ceux qui désirent une prononciation plus exacte de
« l'écriture des noms doivent l'apprendre sur place,
« par une étude de l'accent local et de ses particula-
« rités.

« 5° Les grands traits distinctifs du système adopté
« sont : *la prononciation des voyelles comme en italien*
« et celle des consonnes comme en anglais.

« 6° Un accent seul est usité, l'aigu, qui marque la
« voyelle sur laquelle on doit appuyer. Cela est vraiment
« important, car les sons de nombreux noms sont entiè-
« rement altérés par le déplacement de l'accent (*mispla-*
« *cement of the stress*).

« 7° *Chaque lettre doit être prononcée.* Lorsque deux
« voyelles viennent consécutivement, chacune donne un
« son, quoique le résultat, lorsqu'on parle rapidement,

« soit parfois à peine distinct d'un son simple comme
« dans *ai*, *au*, *ei*.

« 8° Les noms indiens sont acceptés comme ils sont
« écrits dans la *Hunter's Gazette*. »

A la suite de ce véritable code, se trouve un alphabet
de transcription établi conformément à l'article 5.

Ils n'y vont pas de main morte, MM. les Anglais, et ils
se comportent là, comme toujours, en gens pratiques et
s'embarrassant peu des détails. Pour eux, la linguistique, la philologie n'ont rien à voir en cette affaire et
ce ne sont pas assurément les géographes anglais qui
remporteront le prix Volney.

Cependant, il y a toujours quelque chose à prendre
chez des gens pratiques, même quand ils ne sont pas
gênés par les scrupules. J'ai souligné, à dessein, les
points qui m'ont paru les plus dignes d'attention.

On est frappé tout d'abord de la simplicité de ces
règles, malgré leur nombre, et de l'extrème facilité avec
laquelle les Anglais empruntent les voyelles d'un alphabet étranger. La raison en est certainement dans les
multiples variétés de consonnances que représente, suivant des cas très arbitraires et tout simplement d'après
l'usage, une même voyelle en anglais. L'*a* a quatre sons
différents ; l'*e*, trois ; l'*i*, quatre (avec l'*y*) ; l'*o* et l'*u*,
chacun cinq. De la sorte et jusqu'aujourd'hui, le plus
érudit des fils d'Albion a pu être fort embarrassé de
rendre exactement la prononciation des mots écrits dans
sa propre langue.

Quant à la préférence donnée aux voyelles de l'alphabet italien comme types de consonnance, j'avoue que je ne
me l'explique guère. A cet alphabet, manquent les sons

eu et *u*. Le conseil de la *Royal Society* ne nous dit pas non plus dans quels cas le *th* anglais aura la valeur du θ ou du δ grecs. Avec des à-peu-près comme ceux-là, on se demande par quel scrupule les Anglais attachent tant d'importance à l'accent tonique.

À tant faire, ils eussent été mieux inspirés d'emprunter les voyelles de l'alphabet allemand, dont l'adoucissement par le tréma donne les sons qui manquent à l'alphabet italien. Sans recourir nous-même à un emprunt aussi radical et sans prétendre rendre exactement tous les sons des alphabets étrangers, sans viser non plus à cet excès de perfection qui serait, de l'avis fort juste de nos collègues anglais, la condamnation de tout système de transcription, nous entendons, pour notre part, utiliser toutes les ressources de notre alphabet et ne puiser dans les alphabets voisins que quand il y aura une lacune impossible à combler autrement ou quand il y aura un avantage de simplicité et de précision à préférer un caractère étranger.

Quoi qu'il en soit, et malgré les critiques qu'elle mérite, — ce qui est l'affaire de nos voisins d'outre-Manche et non la nôtre, — cette codification a ceci d'heureux, qu'elle est revêtue d'une double sanction scientifique et officielle. On sait, en effet, quelle autorité ont les publications de la *Royal Geographical Society* dans le monde entier ; d'autre part, les règles qu'elle vient d'adopter sont les mêmes que suivent les cartographes de l'amirauté.

Du rapprochement de la méthode anglaise avec la méthode de M. de Luze, il résulte, pour moi, que la vérité est entre les deux. M. de Luze en approche cer-

tainement le plus, mais il y a lieu d'élargir son cadre,
de modifier ce qu'il peut avoir d'inexact ou d'inappli-
cable dans la pratique, d'assouplir telle de ses règles ou
de ses interprétations à telles nécessités que la linguistique ou la force des choses imposent à quiconque vou-
dra faire de la transcription géographique. J'entends
justifier, d'ailleurs et pièces à l'appui, les modifications
qui me paraissent indispensables, soit dans le texte même
des règles posées par M. de Luze, soit dans les exceptions qu'elles doivent subir dans leur application.

C'est ici le lieu d'étudier le problème sous son aspect
technique.

Écoutons d'abord ce que nous dit le général Parmentier à ce sujet :

« Même au point de vue restreint de la transcription
« française, il faut distinguer deux sortes de transcrip-
« tions : l'une que l'on pourrait appeler *scientifique*, l'autre
« qui est surtout *pratique*. Le caractère essentiel d'une
« transcription scientifique, c'est qu'on puisse revenir sans
« peine et d'une manière certaine, d'un mot transcrit
« au mot original. Pour cela, il faut qu'à chaque lettre
« de l'alphabet étranger corresponde une lettre, ordi-
« naire ou diacritisée, de notre propre alphabet. C'est
« le système adopté pour la transcription du sanscrit
« par la plupart des linguistes allemands, ainsi que par
« l'École de Nancy, et c'est le seul rationnel quand il
« s'agit d'une langue morte dont la prononciation n'est
« connue que dans ses traits généraux, mais non dans
« ses détails, ses nuances, ses caprices mêmes, pourrait-
« on dire. Mais il faut bien avouer que la plupart des
« langues vivantes se prêteraient fort mal à une pareille

« transcription, lettre pour lettre : pour que les mots ne
« fussent pas devenus méconnaissables, il faudrait en
« même temps indiquer les règles fort souvent compli-
« quées de la prononciation. Je ferai peut-être mieux
« comprendre la difficulté en face de laquelle on se trou-
« verait par un exemple pris dans le russe. Les lettres A
« et O, qui ont conservé la forme de notre *a* et de notre
« *o*, ne pourraient être transcrites que par ces lettres ;
« mais l'*a* russe se prononce *a*, *é*, *o*, suivant les cas, et
« l'*o* russe se prononce souvent *a* et *eu* quand il n'est
« pas accentué. La quatrième lettre de l'alphabet russe,
« Г, est un *g dur*, mais cette lettre se prononce aussi
« comme un *h* aspiré — par exemple, dans Господъ, *sei-*
« *gneur*; — comme le χ *grec* ou le ch *allemand* — par
« exemple, dans Богъ, *Dieu* — et même comme *v*, dans
« аго, ого, его, des adjectifs et des pronoms. Il en ré-
« sulte que le mot Большаго (génitif de l'adjectif *grand*),
« qu'on pourrait transcrire — abstraction faite de la
« muette ъ qui indique que л a sa valeur douce comme
« celle de notre *l* — par *bolchâgo*, se prononce en réa-
« lité *balchôva*, les deux *o*, l'*a* et le *g* ayant leur valeur
« accidentelle. La transcription scientifique défigurerait
« donc complètement la sonorité du mot. »

J'ai cité en son entier ce paragraphe de l'étude du général Parmentier, car il est topique. Peut-être eût-il été
mieux inspiré en choisissant des exemples plus *géogra-*
phiques, si je puis m'exprimer ainsi, et il paraîtra sans
doute intéressant de rapprocher de son opinion celle du
grammairien dans lequel, peut-être, il a pris les mots
cités.

Voici ce que dit M. Reiff dans sa grammaire, revue,

corrigée et refondue par M. Louis Léger, professeur de
langue russe à l'École des langues orientales :

« Dans la transcription des mots russes, il n'y a point
« à tenir compte de ces nuances qui sont le résultat iné-
« vitable de l'action que les consonnes exercent les unes
« sur les autres, ou de l'affaiblissement de la voix à la
« fin des mots. On devra donc transcrire lettre pour
« lettre, sinon on s'exposerait à faire confondre des mots
« absolument différents au point de vue du sens et
« de l'étymologie. Exemples : родъ, *le genre* ; ротъ, *la*
« *bouche* ; обѣдъ, *le dîner* ; обѣтъ, *le vœu.* »

Voilà qui est formel et l'argument du professeur l'em-
porte de beaucoup sur celui du général, à n'envisager
la question que sous son aspect étymologique et purement linguistique.

Le général Parmentier convient bien qu'à l'exemple
de l'École de Nancy et des philologues allemands, c'est
le seul mode rationnel de transcription, mais seulement
pour les langues mortes. Il y a cependant telle langue
ancienne, — sans parler de l'éthiopien et de ses dérivés,
— dont la prononciation a été modifiée, soit par le vulgaire contemporain, soit par les modernes, sans que l'on
puisse, pour se conformer à la prononciation actuelle,
renoncer à faire de la transcription scientifique.

Cependant les géographes eussent été assez mal venus,
à une certaine époque, de transcrire le β, le δ et le θ grecs
par *b*, *d* et *th* prononcés à la française, alors qu'ils ont
toujours eu, l'un la valeur du *v*, les autres, les consonnances variables du *th* anglais. Par contre, ils ne seraient
que logiques s'ils restituaient à ceux de nos mots transcrits
du grec, le *k* pour le κ (kappa) au lieu et place du *c* initial

dur, transcription que nous avons reprise des latins d'autant plus à tort que nous n'avons pas su, comme eux et devant les mots d'origine grecque, le laisser dur devant les voyelles *e* et *i*. Une telle transcription est doublement fautive en ce que chez les grecs modernes, le κ est resté dur et ne peut vraiment être rendu en français que par notre *k*.

Et cependant, cette exception faite, il serait difficile de ne pas admettre, sous une forme générale, le mode de transcription indiqué par le général Parmentier. C'est aussi l'avis de M. de Luze.

Si, comme la plupart de nos appellations géographiques dérivées des langues latines ou teutoniques, la généralité des noms asiatiques ont une signification propre, une étymologie dont on ne peut pas ne pas tenir compte, il faut convenir que c'est par pur scrupule scientifique. Il s'agit avant tout — et tous les transcripteurs des noms géographiques, tous les cartographes sont d'accord sur ce point — de prononcer, le plus approximativement possible et d'une manière uniforme, accessible à tous et praticable par tous, les noms de tous les pays du monde. Et si, comme nous le verrons en maints passages de cette étude, le transcripteur ne doit cesser de s'appuyer sur les données de la linguistique, celle-ci n'en reste pas moins au second plan pour laisser la première place à la phonétique.

Mais alors comment le chercheur, l'analyste, l'homme qui fait de la géographie comparée ou de la géographie historique, retrouvera-t-il dans le nom *habillé,* pour ainsi dire, à la française et d'après des nuances phonétiques souvent insaisissables, la signification originelle de ce nom ? Nos cartes sont déjà très chargées et tendent trop à le devenir tous les jours davantage pour songer un seul instant, à côté de la transcription *pratique*, à placer la transcription *scientifique* chaque fois que celle-ci différera de celle-là. La seconde est du domaine de la lexicographie et c'est dans un lexique qu'on doit la trouver.

On comprend donc maintenant comment j'ai été amené, tout en travaillant à un atlas, à réunir et à discuter les éléments d'un *Lexique géographique* et combien même il est urgent que ce dernier devance l'atlas.

Cette remarque, toute incidente, serait peut-être mieux à sa place dans la conclusion de mon travail, car elle recevra, par la suite, des confirmations autrement concluantes. Mais il m'a semblé préférable de la faire dès maintenant, afin d'aider le lecteur à mieux se reconnaître au milieu du labyrinthe dans lequel nous allons entrer.

En séparant tout de suite la *carte* du *lexique*, en fixant le rôle de chacun d'eux en matière de transcription et malgré l'étroite solidarité qui les lie, le terrain est beaucoup plus libre, la voie à suivre toute tracée. Dans la *carte*, la transcription *pratique* d'après des conditions à déterminer ; dans le *lexique*, à côté de la transcription *pratique*, la transcription *scientifique* chaque fois qu'il en est besoin et qu'une différence sensible les distingue.

La préférence donnée à la transcription *pratique*, c'est-à-dire à la *phonétique* pour l'écriture des noms dans l'usage général, ne saurait nous faire perdre de vue que la transcription *scientifique* doit lui servir de base et qu'elle ne saurait à elle seule suffire au géographe, sans être, pour lui, une cause fréquente d'erreur.

Quand j'exposai mes premières idées et mes desiderata au congrès de la Sorbonne, j'eus l'occasion de parler de l'atlas déjà cité de la maison Hachette. M. Franz Schrader — directeur des travaux cartographiques de cette maison et l'un des dignes émules de nos géographes les plus autorisés, — M. Schrader, dis-je, déclara que, pour trancher toute difficulté d'interprétation des langues qui n'emploient pas l'alphabet latin, on avait fait prononcer, autant que faire s'était pu, successivement tous les noms douteux, soit par des nationaux, soit par des voyageurs, soit par des personnes versées dans la connaissance de chacune de ces langues.

Voilà qui est encore plus simple que la méthode de Luze ou que le procédé anglais, et, de cette façon, semblent s'évanouir toutes les difficultés. Arrière toutes les subtilités de la linguistique, les scrupules de l'étymologie : ce qui ne veut pas dire que l'on n'ait sérieusement envisagé les choses dans la publication de cet atlas ; le nom seul de M. Schrader est une garantie à nulle autre pareille, et je me suis plu, dès son apparition, à faire l'éloge du premier ouvrage cartographique de vulgarisation scientifique publié en France.

Malheureusement, et alors même que le moyen précité, d'apparence aussi simple qu'infaillible, ait pu être appliqué à tous les mots de toutes les langues, il ne faudrait pas savoir combien souvent, dans un même pays, le même mot est susceptible d'intonations différentes ; combien surtout nos oreilles européennes sont rebelles à saisir exactement toutes les nuances des idiomes étrangers ; combien, enfin, avec le plus sincère scrupule des voyageurs à s'affranchir des intonations, des dénominations mêmes empruntées à l'anglais, à l'allemand ou à l'espagnol, la pauvreté de notre alphabet en fait un instrument indocile et insuffisant de transcription ; — il ne faudrait pas, dis-je, savoir tout cela pour se rendre compte des erreurs auxquelles on est exposé par ce système.

Si les linguistes étaient tous des géographes, certes c'est à eux seuls qu'il faudrait avoir recours. Mais nous n'en sommes pas là, il s'en faut, et, suivant l'expression du général Parmentier, c'est aux géographes à s'aider de la linguistique, à la fois comme source de transcription sérieuse et comme moyen de contrôle des appellations données ou transmises par les voyageurs.

J'ai sous les yeux la carte de la Russie, publiée par l'état-major russe et je me demande si les traducteurs de l'atlas d'Andree ont fait de la transcription *scientifique* ou *pratique* quand ils ont écrit *Vilno*, s'ils ont sacrifié à l'usage quand ils ont écrit *Grodno* alors que l'*a* final russe, voyelle par laquelle se terminent ces noms, avec ou sans accent, se prononce toujours *a*. De même pour *Mitau*, que nos géographes ont écrit constamment à la manière allemande et qu'on eût toujours dû écrire : *Mitóva*. Cependant ces mêmes auteurs se sont montrés transcripteurs logiques en remplaçant une fois pour toutes, par un simple *v*, tous les *f* simples ou doubles (*ff*) par lesquels nous transcrivons le *B* (*v*) final russe.

Je constate, en outre, en passant, qu'à l'exemple de Reclus et du comité de la Société royale de géographie de Londres, ils ont emprunté des lettres aux alphabets étrangers. Bien qu'il soit peu disposé en faveur de ces emprunts, le général Parmentier les accepterait peut-être dans une mesure très restreinte, mais M. de Luze y est absolument hostile. Seulement il reconnaît très bien qu'il n'est pas parvenu encore à rendre, à l'aide de notre alphabet, tous les sons et les articulations des langues étrangères et il cherche toujours par quelles combinaisons il pourrait y arriver.

Nous touchons ici à l'un des côtés les plus délicats et des plus décisifs de la question qui nous occupe, car c'est de la solution de cette partie du problème que dépendra tout le système alphabétique de transcription. Elle vaut donc la peine de s'y arrêter et c'est par là que nous commencerons la seconde partie de notre étude. Auparavant et maintenant que nous avons examiné les règles posées par mes prédécesseurs, il convient d'indiquer celles que cet examen m'a conduit à adopter.

M. de Luze, nous l'avons vu, n'entend maintenir, dans leur orthographe nationale, que les noms propres d'origine latine ou germanique.

Avec les traducteurs de l'atlas Hachette, avec le général Parmentier et les géographes allemands et anglais, il me semble juste et rationnel d'adopter la règle plus générale suivante :

1° *Maintenir sur nos cartes, dans leur orthographe nationale officielle, tous les noms des pays dont la langue s'écrit en caractères latins, de sons ou de valeurs divers indiqués ou non par des signes particuliers, et donner dans nos livres, comme dans le lexique, la prononciation entre parenthèses.*

Il va sans dire que les noms de lieux ou des villes des

régions frontières ayant plusieurs noms, dûs aux diverses nationalités auxquelles ils ont pu appartenir, devront tous être mentionnés sur la carte, le nom actuel dominant les autres.

Cette règle englobe les trois premières catégories de noms visés par M. de Luze. Dans la suivante, je comprends la quatrième de cet auteur, en y apportant des modifications indispensables.

2° Transcrire, à l'aide de l'alphabet adopté, les noms des pays où l'on ne fait pas usage de l'alphabet latin, de façon à figurer aussi exactement que possible, leur prononciation; mais en se basant principalement sur les similitudes alphabétiques ou étymologiques et en tenant compte des transcriptions admises par la généralité des linguistes, surtout pour les consonnances que notre alphabet ne peut rendre que très imparfaitement.

Ne tenir compte des variétés dialectiques locales que quand elles sont bien caractérisées et s'appliquent dans des régions assez étendues et bien définies où une orthographe plus générale et officielle n'est pas intervenue, ou lorsque toute autre transcription serait une cause de méprise et de confusion.

Quant à la troisième règle, je la maintiens à peu près dans les mêmes termes que la cinquième de M. de Luze.

3° Transcrire, conformément à notre système phonétique, les noms géographiques des pays où la langue écrite n'existe pas, en se basant principalement sur la nationalité des explorateurs qui en font mention lorsqu'on ne possède pas surtout les éléments suffisants sur l'analyse linguistique des idiomes auxquels ces noms appartiennent.

Au sujet des transcriptions qui relèvent de ces deux dernières règles, M. de Luze a émis un vœu que l'on ne saurait passer sous silence.

« Il serait à désirer, dit-il, que l'on adoptât le même
« système pour les colonies appartenant aux Anglais, aux
« Hollandais, aux Espagnols, etc... Nous ne parlons pas
« des noms nouveaux qui ont été introduits par ces der-
« niers dans les pays où ils ont établi leur domination.
« Il importe de maintenir *Capetown, Georgetown,* etc.,
« au même titre que les étrangers doivent conserver sur
« leurs cartes de nos possessions algériennes : *Philippe-*
« *ville, Orléansville,* etc..., sans y apporter de change-
« ment. Mais quant aux noms indigènes de ces colonies,
« on devrait, croyons-nous, les transcrire conformément
« aux règles de notre phonétique. En admettant, par
« exemple, que les Anglais aient fidèlement reproduit
« avec leurs caractères, la prononciation des mots *Kara-*
« *chee, Hyderabad, Mysoor* [1], *Penjab, Nagpoor,* il fau-
« drait par conséquent qu'on écrivît sur nos cartes :
« *Karatchi, Haïderabad, Maïsour, Pendjab, Nagpour,*
« etc., ce qui nous permettrait du moins de nous rendre
« compte de la manière dont ils doivent être prononcés. »

Tout en m'associant à ce vœu et en désirant qu'il fasse loi, j'avoue que, de toutes, celle-ci subira le plus d'exceptions. Elle a dû inspirer les transcripteurs de l'atlas d'Andrée, et leur carte de l'Indoustan est certainement faite dans cet esprit. Mais si vous regardez celle des Philippines et des îles de la Sonde, vous constatez

---

1. Cependant c'est avec regret que, pour ma part, je verrais disparaître les noms harmonieux, chantés par Méry, de *Mysore* (prononciation française), *Golconde, Nerbudda,* etc., etc.

des dérogations sans nombre à la règle. Dans les premières, des noms d'origine espagnole sont mêlés à d'autres traduits de l'espagnol en français, et beaucoup de noms relevant de la géographie physique sont restés transcrits en espagnol sans qu'on sache davantage pourquoi. De même, dans les secondes, pour quelques noms hollandais d'origine ou de transcription.

Ce contraste est la conséquence d'un fait dont les géographes ne se sont peut-être pas encore bien rendu compte.

C'est à toutes les marines du monde que l'on doit la découverte, lambeau par lambeau, non seulement de tous les archipels et de tous les accidents physiques des Océans, mais encore du littoral des continents peu connus encore à l'intérieur, comme une grande partie de l'Afrique, de la Chine, etc... Or, chaque explorateur maritime, si je puis m'exprimer ainsi, ne s'est pas préoccupé du nom indigène de chaque point nouvellement découvert ; il s'est cru le plus souvent obligé de lui donner un nom commémoratif qu'après lui toutes les cartes marines, de l'ancien comme du nouveau monde, ont fidèlement enregistré. Ce n'est que plus tard, quand la reconnaissance des pays s'est faite par l'intérieur, que les lieux postérieurement relevés ont reçu des appellations plus en harmonie avec les dénominations indigènes, quand il y en avait, mais avec les variantes inhérentes à la langue même de l'explorateur.

Ainsi s'explique cette mosaïque bariolée de noms de toutes provenances, dans des idiomes tout étonnés de se rencontrer ; ainsi s'explique encore que tant d'hommes de grande compétence et de profond savoir aient reculé devant toutes les tentatives de réforme qu'ils ont pu

rêver. D'autant plus que, pour les côtes de Chine, par
exemple, on ne peut s'attendre, de longtemps, à voir
exécuter un travail topographique aboutissant à l'établissement de la légende géographique indigène. Y pro-
céderait-on, même dès maintenant, que, du jour au
lendemain, les réformes les mieux fondées ne prévau-
draient pas contre un usage universel et ne sauraient
surtout provoquer la réfection immédiate des cartes
marines du monde entier.

Il faut donc en prendre son parti et s'accommoder de
cette *olla podrida* de noms anglais, français, espagnols,
portugais, hollandais, malaisiens, chinois, polynésiens,
africains que présentent les archipels ou les parties de
littoral précitées. Cela ne veut pas dire qu'il faille tout
accepter aveuglément et sans se défendre contre les fan-
taisies nouvelles des découvreurs ou des géographes.

Assurément, les amis de la vérité scientifique, les
patients chercheurs de sources, — et l'on m'a rendu
cette justice que j'étais du nombre, — acceptent difficilement un état de choses n'ayant d'autre raison que la
brutalité du fait accompli, d'autre justification que la
notoriété du temps et de l'usage général ; mais aucune
réforme durable ne sera possible que par le temps même,
par les améliorations lentes et raisonnées apportées par
les nations elles-mêmes dans la cartographie de leurs colonies actuelles ou futures, ou par les voyageurs dans leurs
explorations. Jusque-là, il ne faut toucher qu'avec une
extrême réserve aux appellations de la géographie maritime. C'est une question de mesure, de tact et d'expé-
rience de la part du cartographe ; mais c'est là surtout
pour l'auteur du *Lexique géographique* un devoir strict

de bien fixer le lecteur sur la nature de ces appellations et d'enregistrer scrupuleusement tout ce qui peut amener, par la suite des temps, des dénominations plus scientifiquement établies.

A considérer les îles Philippines, par exemple, la grande majorité des noms sont, comme je l'ai dit, d'origine ou de transcription purement espagnole et bon nombre se lisent tels quels en français. Il y aurait donc là puérilité à introduire, au moins d'ici bien longtemps, des transcriptions trop peu nombreuses pour bien marquer les différentes origines des noms. S'il nous arrive de franciser le nom de l'île de *Luzon* assez gauchement d'ailleurs, la chose ne se peut plus pour le cap *Engano* et n'a pas sa raison d'être pour la ville de *Lingayen* ou la *Sierra-Mariveles*.

Il n'en est pas tout à fait de même des îles *Borneo* et de la *Sonde*, de dimensions quasi continentales et dans la cartographie desquelles les Hollandais, au moins dans les régions qu'ils occupent, semblent s'être montrés fidèles transcripteurs des noms indigènes. Là, pas un nom de circonstance n'a été appliqué et, à de très rares exceptions près, on peut procéder à une transcription de seconde main d'après le texte hollandais. De même pour les appellations indigènes de l'Indoustan et des possessions anglaises, de l'Indo-Chine ou du Cap d'après le texte anglais : c'est ainsi qu'ont procédé les cartographes allemands et les transcripteurs de l'atlas d'Andree. Mais encore un coup, il faut toujours tenir compte des travaux et des traditions de nos linguistes aussi bien que de l'étymologie chaque fois qu'on en possède les éléments. J'ajouterai donc le corollaire suivant à ma troisième règle :

S'inspirer des précédents incontestés et des analogies raisonnées, pour qu'un même son ou une même articulation, impossibles en fait à transcrire exactement, soient toujours représentés par un même caractère ou un même signe diacritique.

La tâche des transcripteurs est donc bien définie en ce qui concerne les noms propres. Voyons maintenant les noms communs. Ces derniers forment une catégorie considérable et sont assujettis à des caprices aussi fantaisistes et souvent bien moins justifiables encore que les noms propres.

Dans un travail spécial publié en 1880 par l'éditeur de la Librairie asiatique, M. de Luze a fait ressortir les anomalies, grossières parfois, commises par les géographes, en général, et par les cartographes en particulier. Entre autres exemples, il cite les tautologies suivantes : Arpa *tchaï*, fleuve ; cap Indje *bouroun ;* île de Toacham *adasi ;* lac de Touzla *göl,* alors que les mots *tchaï, bouroun, adasi* et *göl* signifient respectivement : *fleuve, cap, île* et *lac.* De même en écrivant Monts T'ian *chañ,* commet-on un pléonasme. Un autre genre d'inconséquence consiste à traduire un mot, sans traduire son qualificatif, comme quand on dit *Kara fleuve* au lieu de *fleuve noir,* à moins qu'on ne maintienne complètement le nom de *Kara sou.*

On connaît les deux règles posées par M. de Luze pour remédier à ces redites et à ces bizarreries. Mais, avec un désir égal au sien de les empêcher, je préfère de beaucoup, avec les traducteurs de l'atlas d'Andree, avec les géographes anglais et allemands, avec Reclus lui-même, donner la priorité à la dénomination locale complète, sauf, quand c'est possible, à placer entre parenthèses la traduction en français.

A côté de ces précédents autorisés, j'invoquerai encore un argument. La traduction demandée par M. de Luze aurait pour résultat de vous donner une dizaine au moins de *Monts Blancs,* entre autres le *Liban* (de l'hébreu *leban*), le *Sefid koh,* l'*Ak-dagh,* le *Dawalagiri,* le *djebel Abyad,* etc....., et causerait une certaine confusion à laquelle remédierait faiblement l'indication du nom local mis entre parenthèses. Celui-ci, comme il arrive en pareil cas, placé au second rang, en caractères moins apparents, un peu plus difficile à retenir que la traduction française, serait infailliblement laissé de côté et oublié à courte échéance. Et puis cela suppose toujours que cette surcharge de noms ne contribuera pas à obscurcir nos cartes.

Une autre raison encore. Les noms locaux, indépendamment de la physionomie qui leur est propre et qui indique, avec un peu d'habitude, presque spontanément la contrée à laquelle ils appartiennent, sont souvent la source étymologique d'un certain nombre de dérivés. Ainsi la chaîne des *T'ian chañ* ou monts Célestes, dont je parlais tout à l'heure, donne son nom aux deux provinces chinoises de *T'ian-chañ-pé-lou* et de *T'ian-chañ-nam-lou.* La traduction du nom des montagnes entraînera celle des noms des provinces. Or, que signifieront, appliqués à des régions administratives, les mots de *Route septentrionale* ou de *Route méridionale des monts Célestes ?* Il est sans doute très utile de les connaître au point de vue descriptif; mais cette traduction systématique aurait pour conséquence de jeter le désarroi dans

toute la nomenclature de la géographie physique et politique.

Les traducteurs de l'atlas d'Andrée l'ont bien compris, eux. Et pour donner au lecteur, quand il le veut,
le sens de tous les termes géographiques puisés dans les
idiomes nationaux, ils ont placé, comme je l'ai dit, en
tête de l'atlas même, un glossaire de tous ces termes.
A ceux-ci sont ajoutés tous les mots dont la signification
peut jeter quelque lumière sur l'étymologie des noms des
villes, des provinces, etc..... Par mes recherches person-
nelles, aidé des vocabulaires du général Parmentier, de
Reclus, etc., j'ai presque doublé déjà le nombre des mots
du glossaire de l'atlas Hachette et peut-être, pour un
grand atlas universel, ce nombre atteindra, s'il ne dé-
passe, cinq mille.

De même que le glossaire précède l'atlas, de même
aussi est-il le complément obligé du *lexique géographique*, soit à part, soit réparti alphabétiquement dans le
corps du lexique. Le cartographe ne sera nullement
dispensé pour cela, lorsque l'espace et l'agencement
général des cartes publiées séparément le permettront,
de donner dans la légende, ou en regard même des
noms indigènes, la traduction française de ces derniers.

Je libellerai donc, de la manière suivante, la règle re-
lative aux noms communs :

*Maintenir tous les termes géographiques étrangers et
toutes les abréviations qui ont le même sens, sauf à indiquer simultanément, ou dans une légende spéciale, ou
encore dans un glossaire, la traduction de ces termes et
de leurs abréviations.*

Nous savons que l'ignorance ou l'insouciance des cartographes a causé bien des méprises, lorsqu'ils ont copié des cartes étrangères, et qu'ils ont transcrit comme des lettres initiales les abréviations des termes géographiques. Mais ils ne sauraient faire longtemps encore illusion au public, éclairé aujourd'hui par des atlas accompagnés de glossaires.

Je ne suivrai pas M. de Luze dans tous les détails sur lesquels il appelle l'attention des géographes et je renvoie ceux que la question intéresse aux deux brochures qu'il a publiées. Il en est un cependant que je ne puis passer sous silence et c'est par là que je veux finir ce premier chapitre.

« Nous ne verrions aucun inconvénient, dit-il, à ce
« que l'on changeât les noms des fleuves, suivant les
« pays qu'ils arrosent. Le Danube prendrait ainsi les
« noms de *Donau* en Allemagne, de *Dounaï* en Serbie,
« de *Dounare* en Roumanie et de *Dounav* en Bulgarie.
« Il ne saurait y avoir de confusion puisqu'il serait facile
« de voir sur la carte qu'il s'agit d'un seul et même
« fleuve. »

Sans doute ; mais à la condition pourtant de placer, entre parenthèses, au moins une fois, le nom de Danube qui, seul, servira certainement à toutes les relations, dans les correspondances, dans les livres d'histoire, dans les feuilles publiques, etc..... C'est même un repère indispensable pour le lecteur ordinaire, peu familiarisé à l'usage des cartes spéciales. Je suis persuadé que la plupart de ceux qui achètent aujourd'hui des cartes du théâtre de la guerre en Orient, seraient fort embarrassés de se reconnaître entre les trois noms de *Dounaï*, de *Dounare* et de *Dounav*, dont les deux derniers appliqués l'un à la rive gauche, l'autre à la rive droite du Danube. Ce que je dis ici des rivières est également applicable aux autres délimitations physiques des pays : les chaînes de montagnes, par exemple. Sous cette réserve, j'adhère absolument à l'idée de M. de Luze qu'aucun géographe jusqu'ici n'avait appliquée.

II.

ÉTUDE DE L'ALPHABET DE TRANSCRIPTION.

De toutes les difficultés présentées par la transcription des noms géographiques, le choix d'un alphabet ou plutôt l'appropriation de notre alphabet à cette transcription n'est pas la moindre, si même elle n'est pas la plus grande. De Volney à Lepsius, tous les linguistes ont à peu près échoué; en tous cas, ils n'ont pu faire admettre leurs solutions. Aucun cependant plus que ceux-là n'a eu de compétence ni d'autorité, et si vraiment leur non-réussite n'a eu d'autre cause que l'apparente insolubilité du problème, il faut renoncer désormais à le chercher et ce serait grande folie, à un profane surtout, d'y songer davantage.

Mais Lepsius l'avait parfaitement résolu, et il était arrivé à rendre, en lettres romaines, à l'aide de nombreux signes diacritiques, toutes les voyelles et les consonnes de toutes les langues connues. Aux multiples variétés de sons de l'*a*, de l'*e*, de l'*i*, de l'*o* et de l'*u*, correspondaient une trentaine et plus de caractères semblables à ces lettres, diversement affectées des trémas, d'accents ou de signes spéciaux placés au-dessus et au-dessous, le tout pour rendre la brièveté ou l'ampleur, la gravité ou l'acuité, l'éclat ou l'assourdissement du son de chacune d'elles. Dans les consonnes, les caractères étaient plus nombreux encore et Lepsius, comme son prédécesseur Volney, eut recours à quelques caractères grecs pour exprimer certaines gutturales dont aucune lettre latine ne pourrait donner l'idée. Lepsius fit plus encore ; il inventa des signes spéciaux pour figurer les *kliks* particuliers à quelques langues africaines. A côté de chacun des caractères de son alphabet, il avait placé, comme exemples, des mots choisis parmi les langues européennes qui emploient l'alphabet latin.

Mais on voit tout de suite qu'un linguiste, fût-il même polyglotte, avait toute une nouvelle étude à faire , sinon une langue, au moins un alphabet des plus compliqués à apprendre. Combien était délicat, combien était subtil et gros d'erreurs l'emploi de signes diacritiques plus nombreux encore que les caractères de l'alphabet. Pour le vulgaire, — je veux dire pour quiconque était étranger à la philologie, — c'était de nouveaux hiéroglyphes à déchiffrer.

Lepsius n'a fait que suivre en cela une tradition reçue, acceptée par les linguistes qui, comme lui, avaient cherché l'alphabet de transcription universelle. Volney l'a parfaitement exprimée dans son rapport sur le vocabulaire du professeur russe Pallas[1].

« ... Vous le savez, Messieurs, il est contraire aux prin-
« cipes des alphabets d'exprimer par des signes simples

---

1. *Mémoires de l'Académie celtique* de 1807, page 120.

« des sons composés, comme, par inverse, d'exprimer
« des sons simples par des signes composés..... » Oui,
fort bien, mais on prévoit tout de suite combien un tel
principe, appliqué dans toute sa rigueur, rendra inac-
ceptables les meilleures solutions.

Volney lui-même, qui faisait cette remarque, tout à
l'avantage de l'alphabet russe, cédait parfois devant des
considérations grammaticales. Ainsi, à propos de la transcription des voyelles arabes, il admettait très bien une
forme complexe pour rendre un son simple. « Il est inté-
« ressant, disait-il [1], de conserver la forme *ai*, — pour
« *é*, — parce que souvent le mot où elle se trouve au
« singulier fait son pluriel en la retournant ; par exemple
« *dair* (maison) [2], fait au pluriel *diar ; bairaq* (drapeau),
« fait au pluriel *biareq ;* nos principes ne permettent pas
« de donner deux signes au son simple de *ai ;* mais j'ai
« pensé que l'on pouvait, par cas particulier, sauver ici
« cet inconvénient, en liant l'*a* italique à l'*i* romain par
« un poinçon particulier. » Je n'ai pas trouvé, dans son
alphabet, le poinçon distinctif dont il parle.

C'est le même auteur, cependant, qui a osé imprimer
le mot *elphabet* avec un *f* (alfabet), et ce n'est sans doute
pas là une violation, entre cent autres, des traditions linguistiques, de nature à le réconcillier avec tous ceux qui
battirent en brèche son système et, finalement, le firent
échouer.

Aussi, dans les termes où il a laissé la question, la

---

1. *L'alfabet européen appliqué aux langues asiatiques,* tome VIII
de la 2ᵉ édition (1826) des œuvres de Volney, page 157.

2. Les linguistes de notre époque écrivent *dār* et *baraq* au lieu de
dair et *bairaq*.

commission de l'Institut a-t-elle été fort embarrassée de décerner le prix Volney jusqu'au moment où elle a cru devoir en modifier l'objet.

Je n'entrerai pas dans les détails de l'alphabet de Volney. Aucun de ses successeurs n'en a conservé un seul caractère. En empruntant des lettres à l'alphabet grec il a eu la bizarre idée d'en changer le son ; comme par exemple l'ω (oméga) qu'il a affecté à la représentation du و (ouaou) arabe, à la fois voyelle et consonne, — et aussi lettre de prolongation, — dont l'équivalent est le *w* anglais. Ce n'est pourtant pas faute de sens pratique que Volney a imaginé ces singulières substitutions justifiées ni par l'étymologie ni par la similitude phonétique, car Volney comprenait déjà la nécessité de ne pas s'arrêter aux nuances infinies des sons de la même voyelle, surtout dans une transcription vulgaire. C'est lui qui, au sujet de la diphthongue *eu*, écrivait ces lignes caractéristiques [1] :

« ... Du reste, nous admettons deux *a*, deux *o*, un *ou*,
« un *i*, un *u* [2] ; mais je blâme et rejette comme inutiles
« et embrouillés, ces *classements* de voyelles, en *cons-*
« *tantes* ou *variables, retentissantes* ou *graves, labiales,*
« *orales, aiguës, etc.*... Tout cela n'est bon qu'à embar-
« rasser l'esprit. J'en dis autant des *dentales* et *palatales*
« de Wallis [3], comme s'il y avait des voyelles [4] où les

---

1. *L'Alfabet européen*, dito, page 53 et suiv.

2. Sans doute ici Volney compte sans l'accent qui distingue la voyelle longue de la brève, lequel est, dans notre alphabet usuel, l'accent circonflexe.

3. Wallis, linguiste anglais cité par Max Müller, et à qui l'on doit également un alphabet de transcription à l'usage des missionnaires.

4. Nous ne croyons pas que Wallis, plus que les autres linguistes.

« dents et le palais fussent plus particulièrement utiles.

« Avant Beauzée, l'abbé Dangeau (en 1695) avait
« compté aussi treize voyelles, mais il y comprenait les
« quatre nasales : par conséquent, il le bornait à neuf. Ce
« fut déjà une grande hardiesse à lui de les proposer au
« corps académique qui, selon l'habitude des corpora-
« tions et la pesanteur des masses, se tenait stationnaire
« dans le vieil usage de ne reconnaître que les cinq
« voyelles figurées par *a, e, i, o* et *u.* L'abbé Dangeau
« eut le mérite d'établir si clairement ce qui constitue la
« *voyelle,* que la majorité des académiciens ne pût se
« refuser à reconnaître pour telles les prétendues diph-
« thongues *ou* et *eu,* qui réellement ne sont pas diphthon-
« gues, mais *digrammes,* c'est-à-dire doubles lettres. Du
« reste Dangeau ne distingua pas bien les deux *a,* les
« deux *o,* ni les deux *eu.* »

Pas n'était besoin à Volney de se montrer légèrement
impertinent à l'égard de l'Académie pour prouver qu'il
avait raison. S'il eût été plus conséquent avec lui-
même, c'est-à-dire s'il eût mieux compris la nécessité
d'admettre des exceptions, des assouplissements à son
système et ce qu'il y avait d'absurde à emprunter une
lettre à un alphabet étranger lorsqu'elle n'a pas la valeur
de la consonnance à transcrire, il ne se fût peut-être pas
réconcilié avec les linguistes, mais à coup sûr il eût été
suivi par les géographes.

Que conclure, en somme, de cet examen que nous
pourrions prolonger davantage par l'étude des alphabets

----

aient parlé de *voyelles dentales* ou *palatales ;* cette distinction n'est applicable qu'aux consonnes et nous pensons qu'il y a là une erreur de
plume ou une coquille d'imprimerie.

de Max Müller, de Wallis, d'Eichhoff, etc., sans trouver un meilleur résultat ? Le particularisme, que reconnaît M. Basset chez lui-même, est, au cas particulier, le défaut de la plupart des linguistes, tandis qu'il est, partout ailleurs, leur qualité fondamentale. Ce défaut, joint à un esprit de système sans transaction possible, a été l'écueil des hommes vraiment éminents qui se sont usés en vain dans cette nouvelle recherche de l'absolu.

Aussi soucieux que personne de la rigueur scientifique, je la veux partout où elle est possible. Mais arriverait-on à trouver l'alphabet-diamant, l'alphabet-merveille, que l'on n'arriverait jamais à assouplir nos gosiers ou nos lèvres à toutes les consonnances étrangères : des siècles ne suffiraient à introduire ainsi, en si faible proportion que ce fût, cent langues dans une seule.

C'est déjà beaucoup si l'on obtient que les lecteurs de cartes puissent prononcer tous les noms des pays qui emploient l'alphabet latin ; ils n'y arriveront même de longtemps sans le secours du lexique géographique. Et encore ! Si nous en étions là, nous pourrions nous demander si, dans les différents alphabets latins, nous ne trouverions pas les caractères simples pour rendre tous les sons ou articulations simples des alphabets étrangers qui n'existent pas dans le nôtre, sauf, en cas d'insuffisance, à recourir soit à de nouveaux groupements de lettres, soit à des lettres conventionnelles.

Mais nous ne sommes pas aussi avancés, et il faudra nous limiter à des emprunts justifiés seulement par l'insuffisance absolue de nos caractères et de leurs combinaisons, ou encore par l'ambiguïté à laquelle donneraient lieu plusieurs d'entre eux.

Et d'abord, pour éviter l'équivoque, toute lettre ou tout groupe de lettres doit avoir sa valeur propre, unique, définie. Toute muette alors doit être absolument écartée. Dans le cas où, sans représenter un son, une lettre comme notre *e* muet, l'*e* (ъ) ou l'*i* (ь) muets russes, sert à l'assouplissement d'une finale, à accentuer sa prononciation ou même à indiquer un temps de repos, etc., on devra la remplacer par un signe particulier.

Un exemple à l'appui.

L'emploi de l'*e muet*, c'est-à-dire de la voyelle *e* sans aucun accent, par les sinologues, a induit en erreur tous nos géographes sans exception. Ainsi je lis dans la *Grammaire mandarine* de M. Bazin que l' « *e* sans accent ou « affecté du signe prosodique (˘), a le son de *o bref* dans *mode.....* », et, plus loin, au sujet des diphthongues et des triphthongues : « Chacune des voyelles conserve le « son qui lui est propre et que l'on vient d'indiquer. Il « faut distinguer soigneusement l'*é* fermé et l'*è* ouvert « de l'*e* sans accent ; éviter, par exemple, de prononcer « *khéou* comme *khéou* et *théou* comme *théou*. »

Ainsi donc la prononciation de *tchéou*, adoptée par Reclus et les traducteurs de l'atlas d'Andree, pour *tcheou*, est inexacte. L'orthographe usuelle anglaise n'est pas plus juste dans le *chow* de l'atlas de Johnston ou dans le *chau* de la carte de Stanford, qui se prononcent, l'un *tchaou* et l'autre *tchéou*. Les Allemands écrivent *tschu* en éliminant l'*o* bref, son particulier de l'*e* muet, qui est un peu noyé dans la finale forte *ou*. Nous voudrions nous montrer plus exacts en écrivant *tchoou*, mais notre langue est si peu familière aux triphthongues qu'il nous semble préférable de substituer à l'*o* bref, le signe de l'*e* muet dont nous parlons plus loin, lequel peut aussi bien suppléer certaines voyelles très brèves que les voyelles frustes.

La transcription précitée des Allemands est d'ailleurs de date assez récente et n'a été adoptée que dans la dernière édition de l'atlas de Stieler. La feuille de la Chine orientale de 1880, donne *tschau* dans *Fu-tschau* et *tscheou*, dans *Hang-tscheou*. Je m'explique mal qu'avec leur abondance de caractères uniques pour les voyelles, les Allemands n'aient pas tout simplement écrit *tschou* qui, pour eux, se prononce très bien *tcho-ou*.

Des exemples analogues se trouveraient facilement dans l'annamite ou l'*e* sans accent se prononce *ai* français de *maire, chaire,* etc.....

Donc cet *e* sans accent n'a pas sa raison d'être et lorsqu'il n'a aucun son par lui-même ou lorsqu'il ne complète pas une syllabe en tenant la place d'une voyelle plus ou moins fruste, il ne doit en rien être figuré. Lorsqu'il a une action quelconque sur les lettres voisines ou lorsqu'il n'a pas d'autre valeur qu'un son sourd et à peine sensible, il doit être figuré par un signe que nous déterminerons quand nous traiterons des signes particuliers. Dans les cas enfin où il a la valeur de l'un des trois *e* accentués (*é, è, ê*) ou de toute autre voyelle et diphthongue, il sera remplacé par l'une de ces lettres ou par la voyelle et la diphthongue à laquelle il équivaut [1].

---

1. Originalement l'arabe ne connaissait que les trois sons, *a, o* et *ou,* longs ou brefs. « Mais cette langue est devenue plus ou moins fruste, « et les voyelles brèves ont été remplacées, dans le langage vulgaire par « l'*e sourd.* En Égypte, en Syrie et en Arabie, la langue est restée « beaucoup plus pure que dans les États barbaresques, et, dans ceux-ci, « elle est d'autant plus altérée, qu'on s'avance vers l'Occident : l'arabe « de Tripoli et de Tunisie vaut mieux que celui du Maroc. Cela se sent

Mais n'anticipons pas davantage et suivons l'ordre méthodique.

A part l'annamite dont nous parlerons dans un para-

« même en Algérie : on parle mieux à Constantine qu'à Alger et à Oran. » (*Notes du général Parmentier.*)

L'arabe des Turks, par le fait de l'affaiblissement des voyelles dans des cas biens déterminées (voir la note 2, page 10, du *Vocabulaire turk français* du général Parmentier), rend tous les sons de nos voyelles y compris *l'e muet* que nous donne le mot *me*. De là les mots nombreux de l'arabe et du turk où l'on trouve l'*e muet*; de là aussi l'incertitude des lecteurs comme des transcripteurs pour rendre ce son.

La matière est délicate ; mais nous ne voyons pas la nécessité de sortir de la règle posée ici par nous et résumée comme suit, d'une façon plus précise pour l'arabe et ses dérivés :

Tout *e muet*, représentant le son de *eu* bref, doit être rendu par *ŏ*; mais chaque fois qu'il représente uniquement un son très sourd, qu'il exprime ainsi *une voyelle non prononcée et complète une syllabe*, il doit être rendu par le signe conventionnel que nous adoptons pour notre *e muet*. Ainsi l'auteur précité nous dit avec raison que le mot *Djurdjura*, dans lequel *u*, comme *e*, a le son très sourd et très bref de *eu*, ne peut s'écrire correctement *Djeurdjeura* et encore moins *D'jrdjr'a*, car ici l'apostrophe exprime communément, pour nous, l'absence de tout son et fait d'un mot de trois syllabes un mot de deux. Mais en admettant, comme on le verra plus loin, l'apostrophe renversée ou tout autre signe simple et pratique que la majorité des transcripteurs adopterait, pour rendre l'*e* très sourd, nous pourrons écrire *Dj'rdj'ra*, pour indiquer la prononciation seulement, au cas particulier (le mot est à ce point admis par l'usage qu'il figure sous la forme invariable *Djurdjura* dans tous les ouvrages français et étrangers), car chacun saura que ce signe figure, non seulement l'*e muet*, mais toute voyelle affaiblie et disparue presque entièrement de la prononciation.

Mais il est bien entendu que je suis prêt à accepter tout autre signe ou caractère que la majorité des géographes autorisés décidera d'adopter, — car ce n'est plus de la science, ici, c'est de la pure convention. — De même si l'on jugeait mieux de représenter le son de l'*e* muet dans *me*, c'est-à-dire quand il se rapproche de *eu* bref et sourd, par l'*ë*, comme le font fréquemment les transcripteurs russes de préférence à l'*ŏ* allemand, je suis tout prêt à accepter cette forme, car son adoption reposerait sur une similitude phonétique bien plus complète encore, et cela sans cesser de se servir de *ŏ* pour le son *eu* bref bien caractérisé, ni du signe que je propose dans les cas particuliers indiqués plus haut.

graphe spécial, on ne trouve pas dans les autres langues d'autres variétés de la lettre *a* s'écartant sensiblement de notre *a* bref et fermé, et de notre *a* long et ouvert. L'*à* ne représentant pas, même chez nous, une nuance bien accusée, je me range volontiers de l'avis de Volney qui n'admet non plus que deux sortes d'*a*. Le général Parmentier dit cependant fort justement — note du tableau II, p. 27 de ses *Observations, etc.,* — que « l'*a* allemand « et scandinave est un peu plus ouvert ou grave que celui « des langues novo-latines et que l'*a* magyare a un son « très grave, intermédiaire entre l'*a* et l'*o* »; mais la différence phonétique qui le distingue de notre *a* latin ne peut donner lieu, en le transcrivant par ce dernier, à aucune erreur étymologique[1].

En parlant, plus haut, de la suppression de l'*e* muet, j'ai indiqué les trois variétés distinctes d'*e* accentués, lesquelles peuvent servir à la transcription, non seulement de tous les sons de l'*e*, mais encore de toutes les diphthongues *ei, ai,* etc., et de tous les groupes finals que nous connaissons, *er, ée, ez,* etc.

La voyelle double *ai* ne doit donc plus figurer dans l'alphabet de transcription; mais l'*a* se trouve parfois suivi de cette autre voyelle double *ou* et forme ce que Bazin a appelé à tort une triphthongue. Nous prononçons assez facilement ce groupe *aou* et il ne peut donner lieu à aucune équivoque.

Le son simple *ei* se trouve également éliminé ou plutôt remplacé par *é* ou *è*. Mais *e* forme avec *u* une

---

1. Comme nous respectons l'orthographe nationale pour les noms géographiques, ce que nous disons là n'est qu'en vue de l'indication de la prononciation.

voyelle double que nous prononçons tantôt *eu* comme dans *feu*, *eu* comme dans *peur* et simplement *u* dans *eu* (participe passé du verbe avoir). Le peu de fixité de la prononciation de ce groupe l'a fait rejeter par quelques transcripteurs et Reclus lui a substitué l'*ö* allemand. Comme l'*o*, chez nous, n'est jamais affecté du tréma, il n'y a donc nulle méprise à redouter de l'emploi du caractère allemand. Il faut, toutefois, pouvoir distinguer la valeur de *eu* ouvert et de *eu* fermé. Pour celui-ci, l'*ö* allemand en tient parfaitement lieu ; pour l'autre, les magyares ont l'*ő*. Mais ce caractère aussi se trouve peu dans nos imprimeries et il me paraît logique de prendre ici la forme de l'*ö* renversé donnée par Lepsius : *ǫ* rendra donc le son ouvert que nous connaissons dans le mot *peur*.

La transcription française de l'*ö* allemand a presque toujours été vicieuse. De ce que cette lettre n'est pas encore très courante dans les imprimeries, à l'exemple des Allemands quand elle est initiale, nous la rendons par *œ*. Seulement les Allemands ne s'y trompent pas, eux, tandis que nous prononçons rarement cette diphthongue comme elle doit l'être. Le plus souvent même, nous séparons l'*o* de l'*e* qui l'adoucit et nous en faisons deux voyelles distinctes. Ainsi, il est très rare que l'on prononce exactement le nom de *Grönland* que l'on écrit *Grœnland* et très souvent *Groenland* (voir l'atlas Hachette). D'autres ont écrit *Groënland*, mettant ainsi sur l'*e*, le tréma primitivement placé sur l'*o*. Si éclectique que l'on soit à l'endroit de l'orthographe des noms géographiques, on ne peut nier le ridicule de pareilles transcriptions et n'être pas profondément étonné de les voir maintenir par Reclus, les traducteurs d'Andree, etc., tandis que nos voisins d'outre-Rhin se montrent si scrupuleux dans le texte français de nos régions.

« Le *Groenland*, dit Cortambert, n'eût pas dû perdre « sa physionomie danoise, *Grœnland* », et il écrit *œ* pour rendre le son *ö* (*eu*), sans doute, il ne se doutait pas que c'est justement cette première transcription par *œ* qui a peu à peu amené la transcription actuelle.

Ce qu'il y a de plus inconséquent de la part de Reclus, c'est que lui-même a déjà admis l'*ö* teutonique pour rendre le son *eu*. Il en a fait même une heureuse application dans certains noms géographiques chinois et turks.

Suivi de *l*, *ö* peut rendre le son *eul* initial ou final. Dans le midi de la Chine, ce son est particulièrement guttural, dit Bazin. Aussi a-t-il donné lieu à des transcriptions très diverses dans les mots comme *P'ou-ör-fou*, préfecture du Yun-nan, que l'on a écrit longtemps *Pou-öl*, d'autres fois *Pou-ehr* et *Pou-eur* (voir l'atlas Hachette).

Revenons à la suite de nos voyelles.

De même que Volney, et tous les autres transcripteurs du reste, j'admets deux sortes d'*i*, l'*i* bref et l'*i* long. Tous deux remplacent parfaitement l'*y* voyelle tel que nous l'employons habituellement.

Les voyelles doubles *ai* et *ei* n'ayant pas, comme nous l'avons vu, d'emploi dans les transcriptions, il reste les groupes *aï* et *éï* (ou *èï*) que Volney nomme *digrammes*. Dans le premier seul, il faut mettre *ï*, car, dans le second, l'*e* étant toujours accentué, il y a diphthongue. On rencontre aussi le son double *eui* que nous écrirons, d'après ce que nous avons dit de l'*ö* allemand, *öi*. Quant à la diphthongue que nous représentons par *oi*, comme dans *loi*, *soi*, etc., elle n'est pas autre chose que *ou-a* (diphthongue).

Comme pour les voyelles précédentes, nous ne connaissons que deux sortes d'*o* et d'*u*, la brève et la longue, cette dernière, comme toujours, indiquée par l'accent circonflexe.

La double voyelle *ou* formée par ces deux lettres, a pour les linguistes, deux valeurs très distinctes. *Ou*, *voyelle* isolée ou entre deux consonnes, a partout la même valeur ; mais, suivi d'une autre voyelle, il joue souvent le rôle d'une véritable consonne. C'est ce qu'on a appelé une demi-voyelle. Ainsi, la diphthongue *oua*, dont nous parlions il y a un instant, a deux sons très différents : le son ordinaire de *ou* dans *brouage*, *louage*, etc., et celui du *w* anglais dans *Washington*. Cette différence est tellement caractéristique que les consonnes qui précèdent n'ont pas d'action sur le son *ou* demi-voyelle. Ainsi, on dira : connaissez-vous — : — Oudenarde ? et : j'atteignis Ouargla. Il y a donc lieu de conserver là deux modes de transcription très distincts et d'adopter le *w* anglais pour rendre *ou* consonne ou demi-voyelle [1].

Ce n'est pas seulement dans les langues européennes que le son *ou* a cette double valeur. Le ‌ *ouaou arabe*

1. Je pourrais ajouter que l'application du *w* à la transcription de *ou* demi-voyelle n'est pas un emprunt au sens propre du mot, ce n'est qu'une restitution. Le *w* appartient à notre alphabet et il a été tiré des langues du Nord pour les mots empruntés à ces langues avec la valeur qu'il a dans chacune d'elles. Or, de l'anglais à l'allemand, en passant par le flamand, il a les nuances successives de *ou* demi-voyelle à notre *v*.

Dans le *Tibétain* le même caractère représente à la fois le *w* et le *v* le premier étant d'ailleurs plus rare que le second.

est aussi semi-voyelle, et l'on trouve encore ses équivalents dans le ‌zend, le ‌éthiopien, le ‌copte, le ‌géorgien, le ‌bengali, le ‌pali, le ‌mongol, etc., etc.,
figurés par des caractères très différents de ceux qui
représentent *ou* voyelle. Nouvelle et décisive raison de
la transcrire par leur seul similaire européen.

Aussi l'on ne s'explique pas la *francisation* de la consonnance initiale *ou* dans le mot *oued* en la considérant
comme diphthongue et, en disant *l'oued Ghursa*, *l'oued
Ghir*, etc., sans doute, une cause originelle a ici déterminé l'usage et semble imposer cette prononciation et
l'élision de l'article; la cause en est peut-être dans l'unité
de signes pour représenter deux sons très différents.

Mais ce qui paraîtra plus inexplicable encore c'est que,
dans la forme plus générale du même mot en arabe :
ouâdi, Reclus[1] considère le *ouaou* initial comme consonne
et qu'il écrive alors correctement : *le ouâdi el Gharbi, le
ouâdi ech Chiâti*[2], etc., tandis que partout ailleurs, il se
conforme à l'usage vulgaire. Reclus se met à l'abri des
critiques sur le simple motif que les arabisants ne se
sont point mis d'accord[3] jusqu'ici et il adopte, les yeux
fermés, l'orthographe officielle « qui varie, dit-il, d'ail
« leurs dans les diverses parties de la contrée, suivant
« la prononciation locale ».

Nous savons par M. René Basset, à quoi nous en tenir

----

1. Voir le XIe volume de la *Nouvelle Géographie universelle* (Afrique septentrionale, 2e partie : Tripolitaine, Tunisie, Algérie, Maroc,
Sahara).

2. C'est bien *ou* consonne, puisqu'il n'y a pas là contraction de l'article. M. Louis Say écrit *Wargla* et non *Ouargla*. Il y a plus, en turk
le même mot de *ouâdi* se prononce *vâdi*, etc.

3. Idem, p. 883, note du Glossaire géographique.

sur les variantes de cette dernière prononciation et il n'est pas prouvé du tout que l'orthographe officielle se soit montrée plus conséquente avec elle-même que fidèle observatrice de la phonétique locale. Nous l'avons prise en flagrant délit dans les noms annamites et il ne faudrait certes pas chercher bien loin pour la confondre de nouveau au sujet des transcriptions tuniso-algériennes. En tous cas, rien ne justifie la différence faite entre *oued* et *ouâdi* pour la prononciation du *ouaou* initial.

En dehors du son de la voyelle *i*, l'*y* a aussi la valeur d'une demi-voyelle. Tous les linguistes sont d'accord pour distinguer l'*y* du mot *yacht* ou *yatagan* du son ordinaire de l'*i*; c'est quand il est suivi d'une voyelle et, le plus souvent, quand le groupe est initial. C'est le cas signalé tout particulièrement par le comité de la Société de Londres, de deux voyelles prononcées rapidement et d'une seule émission de voix. Le son *i* est très fugitif et légèrement aspiré.

Avec toutes les autres voyelles, l'*y* forme, dans les mêmes conditions, une série de groupes correspondant exactement à des caractères simples dans la langue russe. Telles sont les lettres я (*ya*), е (*yé*), ѣ (*yati*) et ю (*you*). L'*u* anglais a aussi parfois ce dernier son : ainsi dans *tube* (tioube). Équivalent du *j* allemand, l'*y* demi-voyelle correspond au ي (*ya*) arabe, au י (*yod*) hébreu, au य (*ya*) sanscrit, et, suivi de voyelles, à des caractères de mêmes consonnances dans les huit syllabaires japonais. Ces consonnances se retrouvent aussi très nombreuses dans les monosyllabes chinois, et je suis très surpris du silence de M. Bazin à leur égard, dans sa grammaire mandarine, quoiqu'il y conforme ses transcriptions.

On serait tenté de croire que l'*y* demi-voyelle, tel que nous venons de le définir et quelque peu aspiré, doit remplacer l'*i* précédé de *h* aspiré des monosyllabes chinois comme *hien*, par exemple.

Disons tout de suite que, dans les transcriptions des sinologues, la lettre *h* a la valeur de la *jota* espagnole et ne peut être rendue que par le groupe *kh* en français[1], sauf cependant le cas où elle est suivie de la voyelle *i*; elle devient alors sifflante, dit M. Bazin, « et se prononce « à peu près comme *sch* ou *ss* ». De sorte que c'est une faute manifeste de prononcer le mot *hien* (district) à la française, et tous nos géographes, sans exception, n'en ont pas moins suivi aveuglément cette orthographe : voir Reclus, Vivien de Saint-Martin, l'atlas Hachette et tous les livres de géographie.

Les cartographes étrangers ont eux-mêmes transcrit ce mot de la façon la plus irrégulière. Dans la carte de la Chine orientale du Stieler's Hand-Atlas, il est écrit parfois *hian* et souvent *juan*, *jun*, dans la composition des mots; puis encore *jen* correspondant bien à l'orthographe anglaise *yan* sans qu'on puisse affirmer qu'un Anglais prononce *yan* ou *yen*. Les cartes de Johnston ou de Stanford portent *yen* et *yin*. Cela tient autant, sans doute, à l'oreille du transcripteur qu'aux variétés de prononciation qui se rencontrent fréquemment en Chine d'une

---

1. Ainsi c'est donc bien à tort que l'on écrit *hai* (mer), *Hoang-ho* (fleuve jaune); c'est *khai*, *Khoang-kho*, qu'il faudrait écrire en s'en rapportant à la définition de M. Bazin. Mais nous croyons que sa comparaison est un peu forcée et que, dans la réalité, le *h* des transcriptions chinoises serait plus exactement rendu par *'h* (*h* précédé de l'esprit rude), équivalent de la force aspirée de l'arabe, du sanscrit, etc...

province à l'autre, voire même entre une ville et la région qui l'entoure. C'est le cas de rappeler ici la résolution du comité de la Société royale de géographie de Londres, concernant les nuances locales, et l'observation si catégorique du grammairien russe sur les subtilités et les dangers de la transcription purement phonétique.

Si l'on pouvait affirmer que chacune des transcriptions précitées rendît exactement la prononciation chinoise dans ses nuances, cela les justifierait amplement ; mais comme ce n'est jamais que de l'à peu près, il y a tout avantage et toute raison de prendre le type de la prononciation et de la transcription officielles, autrement ce ne sera qu'imbroglio et désordre.

Seul, jusqu'ici, un cartographe allemand, l'un des auteurs attitrés de l'Institut géographique de Gotha, M. Bruno Hassenstein, dans une carte des *Mittheilungen* de janvier 1883, a transcrit le plus exactement possible la prononciation indiquée par notre sinologue. Cette carte est le résumé des voyages de Doudart de la Grée, Francis Garnier, Dupuis, Rocher, Margary, Mac-Carthy, Grosvenor, Gill et Baber au Yun-nan et au Szé-tchouën. M. Hassenstein a écrit *hsien* le mot qui nous occupe (au lieu de *hian*, *hien*, etc.), conformément à la langue mandarine.

Dans notre alphabet, le groupe *hs* rendant la même articulation qu'en allemand et en anglais, nous l'adoptons pour la transcription de l'articulation correspondante du chinois et nous rejeterons le groupe *hi*, toutes les fois qu'il précédera une autre voyelle, puisqu'il sera, en ce cas, très bien suppléé par l'*y* semi-voyelle. Sont exceptés cependant de cette règle, tous les noms grecs.

En m'étendant, ainsi que je viens de le faire, sur l'emploi de l'*y* semi-voyelle connu et accepté par tous les linguistes, j'ai voulu répondre à quelques géographes qui le repoussent. Entre autres, M. Romanet du Caillaud considère cette forme ou cette fonction de l'*y* comme fautive. Il y a cependant entre l'*i* et l'*y* et les chuintantes aspirées une corrélation très étroite. Les sinologues, d'une part, transcrivent par *hi* un son qu'ils assimilent au groupe *sch* teutonique, équivalent de notre *j* ou encore à notre *ch* doux et je n'apprendrai rien à aucun de mes honorables collègues de l'Académie de Stanislas en rappelant que, dans certains mots dérivés du latin, *i* est devenu *ch : apium* a donné *ache ; sepia, sèche* (poisson), etc. D'autre part, le *j* allemand, qui est exactement l'*y* semi-voyelle a été, comme le *yod* hébreu, — soit par similitude graphique, soit par corruption de la langue, — rendu par notre *j* dans certains noms comme *Yakoub, Yoïda, Jagellon* (pr. Yaghellon), dont nous avons fait Jacob, Judas, Jagellon. L'articulation douce du *ch* allemand dans des mots comme *München, ich,* etc., se rendrait assez bien par le *j* allemand ou par l'*y* semi-voyelle. Je ne suis pas autorisé par M. de Luze à faire connaître son alphabet de transcription, — encore inédit et incomplet d'ailleurs, d'après son propre avis, — mais je puis dire, au cas particulier, qu'il propose la même transcription, sans avoir à rechercher autrement par quelles raisons il y est amené.

Le son *i* ou *y voyelle* est, de tous, celui qui offre les variétés les plus nombreuses. Le russe ne comprend pas moins de quatre *i* diversement brefs ou longs, plus l'*i* muet dont nous avons eu déjà occasion de parler, puis

enfin une sorte particulière connue sous la dénomination
de *i sourd*. Ce caractère, en russe, est figuré par le groupement de l'*i muet* (ь) et de l'*i* ordinaire (i). Le son
qu'il représente est impossible à rendre exactement en
français. C'est un *i* sourd et étouffé. « Après les labiales *b*,
« *v*, *m*, *p*, *f*, dit M. Reiff, le son de cette lettre approche
« de celui de la diphthongue française *oui* prononcée
« très brève. » Pour la transcrire, notre grammairien
écrit alors la diphthongue *oui* avec les deux lettres *o* et *u*
en caractères plus petits : ᵒᵘi. Ce mode, très complexe sans
être absolument exact, ne s'appliquant qu'à la valeur
accidentelle de cette voyelle, ne serait pas de mise dans
un alphabet de transcription. Les Polonais et, à leur
exemple, les Allemands l'ont exprimé par un *y*. Reclus,
la plupart même des géographes en ont fait autant et
c'est ce que conseille lui-même M. Reiff. Il est vrai d'a-
jouter qu'il n'entend pas donner, dans sa grammaire,
une transcription scientifique et que pour cela, il renvoie
aux lettres diacritisées données en grand nombre par
Bopp. Mais une transcription courante ne doit recourir
à ces complications que quand il n'y a pas d'autre moyen
d'y suppléer. Pour moi, comme il n'y a qu'un seul cas
où l'*y* employé par les Polonais, par les Allemands et
même par les géographes français, pour le ы russe, puisse
donner lieu à des méprises, — c'est quand il précède
l'un des caractères diphthongues que nous avons rendus
par *ya*, *yé*, *you*, etc., ou une voyelle isolée qu'il ferait
confondre ainsi avec ces diphthongues, — dans ce cas
seulement, je distinguerais cet *y* par un point [1].

---

1. Il n'est pas prouvé que cet exemple se rencontre souvent dans les

Remarquons en passant que Reclus, bien décidé de laisser à l'*y* les valeurs spéciales que nous avons définies, le remplace par *i* dans les noms étrangers où il est simplement voyelle, et il écrit *Tirol* contrairement à l'orthographe française reçue jusqu'aujourd'hui.

Nous avons vu que l'*a* formait avec l'*i* la diphthongue *aï*. C'en en vain que j'ai cherché à savoir pourquoi les orientalistes transcrivent l'*aï* sanscrit par *æ*. Même question pour *aou* qu'ils écrivent *ao*. C'est ainsi, du moins, que je l'ai vu dans la grammaire de MM. Burnouf et Leupol, sans que rien explique cette anomalie.

Le sanscrit et ses dérivés, le bengali et le pâli, ont deux demi-voyelles tenant du son primordial de l'*i*; les linguistes les figurent ainsi : *i̯* et *y̯*; chacune d'elles a les deux variantes brèves et longues. Sans m'arrêter à cette dernière nuance, j'ai pensé recourir à l'*i* précédé de *l* ou de *r*. Ces deux groupes, en effet, ne peuvent, en aucun cas, créer d'équivoque, l'*i* n'étant employé ailleurs que dans *ai* et *oi* ou *aï* et ne précédant jamais une voyelle.

Et puisque nous parlons du sanscrit, disons que, dans les transcriptions reçues jusqu'alors, l'*u* et l'*î* ont exprimé le son *ou* (bref) et *ai* (long). C'est du reste une règle presque universelle et de laquelle doit tenir compte à chaque instant le transcripteur. De toutes les langues

---

noms géographiques russes et que l'on ait beaucoup à se servir de l'*y* (*y pointé*). La méprise que peut causer cette lettre non pointée, dans les cas précités, ne produira pas, pour des oreilles françaises, de différence euphonique bien marquée ; seule l'étymologie en souffrira quelque peu. Ce qui revient à dire que si le cartographe et l'auteur du lexique doivent se montrer soucieux d'observer cette transcription, elle n'a pas la même importance dans le langage ou dans les publications vulgaires.

de l'Europe, seuls le *polonais*, le *magyare*, le *hollandais* et l'*allemand*, soit régulièrement, soit accidentellement, ont le son *u*. En Asie on ne le trouve que dans l'*arménien*, le *turk*, le *mongol* et le *chinois*. Mais l'*anglais*, l'*espagnol*, le *portugais*, dont le caractère *u* a la valeur *ou*, ont été les principaux truchements de transcription des langues orientales : de là des erreurs sans nombre de la part des géographes.

Pareils risques subsistent pour la transcription des noms américains et africains. Lepsius n'a trouvé la voyelle *u* que dans l'*otomi*, langue des naturels du Mexique, et dans le *yolof*, l'un des idiomes les plus importants de la famille mandingue. Or c'est des Anglais que nous tenons, je ne dirai pas les premières, mais les plus nombreuses dénominations de l'Amérique du Nord ; c'est aux Espagnols et aux Portugais que nous devons la plupart de celles de l'Amérique centrale et de l'Amérique du Sud ; c'est à la fois aux Portugais, aux Espagnols, aux Anglais, aux Allemands que nous empruntons la majeure partie de celles de l'Afrique, et souventes fois nos explorateurs eux-mêmes ont suivi les transcriptions étrangères. Mais, à cet égard, le transcripteur n'aura qu'à suivre la règle que nous avons posée pour les langues de ces régions, afin d'atténuer, sinon d'écarter complètement, toutes les chances d'erreur.

Nous en aurons fini, je pense, avec les voyelles, les demivoyelles et les diphthongues en signalant encore, dans les transcriptions chinoises, la voyelle double *ee* qui n'a pas, dit M. Bazin, de son analogue en français et se prononce à peu près *ê*, — groupe que, faute de mieux, nous devons adopter ; — puis les consonnances suivantes, formées de sons déjà connus et figurés : *aé, ao, oué, ouéi, oéi*, etc.

Lorsque nous parlerons de l'annamite, langue à laquelle nous réservons un paragraphe spécial, en raison des particularités qu'elle présente, nous dirons quelques mots encore sur les intonations du chinois. Il nous reste maintenant, avant de traiter des consonnes, à étudier les nasales.

Il ne serait pas autrement besoin de s'arrêter à cette partie de la transcription, si les langues orientales n'offraient une série de nasales particulières qui ont fait l'objet de controverses encore pendantes entre bon nombre de géographes. Il a suffi que les Anglais et les Allemands ne puissent rendre nos nasales *an, in, on, un* sans les consonniser par un *g* final, *ang, ing, ong, ung*, pour que certains nient l'utilité de ce *g* dans nos transcriptions des nasales des langues orientales. Nous n'avons que trop aveuglément copié les *Anglais*, à la vérité, dans l'orthographe des noms de l'Extrême-Orient ; mais ce n'est pas une raison pour qu'ils se soient montrés mauvais transcripteurs en cela, ni que leur nasale ne corresponde pas mieux que la nôtre à celle du chinois et de l'annamite. Cependant deux grammairiens confirment cette interprétation. Bazin, d'une part, dit : « *ng* ne sonne pas à la fin de monosyllabes et indique « seulement que la voyelle ou la diphthongue, qui pré- « cède, est nasale. » D'autre part, dans sa grammaire annamite, Aubaret déclare que « ce son double *ng*, « placé à la fin des mots, indique une prononciation sem- « blable à celle des nasales françaises, telles que *tien*, « *ton, pain, fin, lien*, où il ne faut nullement faire sen-

« tir le *n* final….. Si, au contraire, le mot est terminé par
« la lettre *n* toute seule, il faut la faire sentir comme
« dans le nom propre *Hermann*. »

A s'en tenir là, nous pourrions décider tout de suite
la suppression du *g* final.

Pourtant on a lieu d'être surpris que les missionnaires
portugais, pour qui ou par qui a été fait l'alphabet *quoc-
ngu*, lequel a servi jusqu'ici aux transcriptions annamites,
aient imaginé ou accepté une forme si étrangère à
l'alphabet portugais, quand celui-ci possède la série de
toutes les voyelles nasalisées, et quand, partout ailleurs,
l'alphabet *quoc-ngu* n'est composé que de caractères
portugais, plus ou moins modifiés par des signes diacritiques, afin de l'approprier aux consonnances annamites.
Ainsi, non seulement on y trouve toutes les voyelles,
mais encore la forme portugaise *nh* du *gn* mouillé
français. On comprendrait l'introduction d'un caractère
nouveau s'il y avait eu, à cet égard, une lacune dans
l'alphabet national des missionnaires.

Pour juste qu'il soit, cet argument serait précaire s'il
n'avait pour lui des autorités incontestables.

Le général Parmentier dit à ce sujet (note 46 du
tableau II de ses *Quelques observations sur l'orthographe
des noms géographiques*) : « Dans les langues teutoniques,
« les voyelles forment avec *ng* une classe de nasales *ana-
« logues* à *angue, ingue, ongue*, mais où l'articulation
« du *g*, ébauchée par les organes, ne fait pas explosion
« et reste fricative. » *Analogue* est souligné pour bien
fixer le lecteur sur le sens de ce mot et, de cette façon,
nous sommes édifiés sur la nature de ces nasales. Or,
p. 17 du même travail, le même auteur dit encore :

« Les langues teutoniques ne connaissent que les nasales
« *consonnisées par un g ou par un k* qu'on retrouve
« dans la plupart des langues de l'Extrême-Orient (mon-
« gol, thibétain, malais, chinois, etc.). »

D'autre part, Lepsius, qui sans doute s'y connaissait
un peu, a parfaitement distingué dans le chinois les
quatre sortes de nasales que j'appellerai : 1° *nasales naturelles*, comme *an, in, on*, etc. ; 2° *nasales consonnisées* :
ang, ing, ong, etc. ; 3° *nasales molles*, comme *ann, inn,
onn*, etc. ; 4° *nasales mouillées*, comme *añ, eñ, iñ*, etc.,
et toutes les quatre se trouvent dans les consonnances
du sanscrit (voir Bopp, Burnouf et Leupol), et de quelques autres langues asiatiques.

Enfin, les transcripteurs de l'atlas d'Andree, qui ont
fait prononcer les mots de transcription douteuse et
discutée, par des nationaux ou par des linguistes spéciaux,
ont maintenu l'orthographe de ces nasales consonnisées
avec le *g* final, et nos seules autorités en géographie :
Reclus [1], Vivien de Saint-Martin, etc., les ont également
adoptées. Est-ce à dire que ceux-ci ne se sont faits que

---

1. Voici des exemples de la transcription de Reclus : Hoang-ho, *Yang-
tzé-Kiang*, etc. pour la nasale consonnisée : Ho-nan, Tengan, etc.,
pour la nasale naturelle et la nasale molle : Han-tchoug, Chañ-si, etc.,
pour la nasale mouillée, sans que l'on puisse dire que l'auteur se soit
absolument prononcé pour la distinction précise de ces nasales, sinon pour
la dernière. On lit bien, dans la note 1 de la page 150 du livre de l'Asie
orientale, qu' « il convient d'écrire à la française les noms qui doivent
« être prononcés par des Français, *tout en indiquant d'une manière
« spéciale les sons qui n'appartiennent pas à notre langue* . . . . .
« La lettre *ñ*, empruntée à l'espagnol, représente le même son en
« chinois, tandis que les deux lettres *ng* figurent *le son nasal* qui ter-
« mine un grand nombre de mots » ; mais il n'appuie pas davantage
sur la particularité distinctive du son nasal.
Signalons, en passant, une inconséquence ou plutôt une simple né-

les copistes aveugles des transcriptions primitives des missionnaires sans tenir compte de la valeur particulière des lettres de leur alphabet? Il est permis d'en douter, bien que, dans la *grammaire chinoise*, l'abbé Perny s'exprime de la même manière que Bazin sur ce point,

Ces contradictions me semblent prouver qu'il s'agit là de l'une de ces mille nuances si difficilement saisissables pour notre oreille et auxquelles, à chaque instant, l'on vient se buter dans la transcription des langues asiatiques, mais que l'un des plus subtils philologues, Lepsius, a bien su caractériser. Il figure par *añ* notre nasale ordinaire *an*, par *añ* la nasale consonnisée *ang*, par *añ* la nasale molle *ann* et par *añ* la nasale mouillée *agne*.

Il n'y a donc pas à hésiter et, pour citer un exemple qui est dans toutes les bouches, quand bien même, avec notre habitude de tout plier à notre francisation arbitraire, nous persisterions à dire *Tonkin*, tous les géographes devront toujours écrire *Tong-king*. Assurément prononcer *Tongue-kingue* serait plus ridicule que de prononcer *Tonkin*; il faut bien se pénétrer de la définition si précise du général Parmentier : *le g ne fait pas explosion et reste fricatif*.

En confondant dans une même expression les nasales naturelles et les nasales consonnisées, les anciens missionnaires, comme les grammairiens qui les ont suivis, ont donné à la forme usuelle de nos nasales la valeur de celle que j'ai appelée la nasale molle. D'autre part,

---

gligence dans l'orthographe du mot annamite *Thai-binh* dans laquelle la forme portugaise *nh* se double de la forme espagnole *ñ* pour rendre la nasale mouillée.

pour se rapprocher sans doute le plus possible de l'alphabet des missionnaires, Lepsius l'avait adoptée, en donnant alors pour la figuration de la nasale naturelle l'ñ espagnole qui, dans les transcriptions généralement adoptées aujourd'hui par les linguistes comme par les géographes, sert à rendre la nasale mouillée. Quant à nous, nous acceptons aussi, bien entendu, ce qui est admis par tous. Pour la représentation de la nasale molle, nous préférons donc l'n suivi du signe de l'e muet, au redoublement de l qui devant une autre voyelle n'aurait plus du tout la même consonnance.

Quant aux variétés de l'n initial, nous en parlerons à son tour dans l'ordre alphabétique des consonnes.

De tous les transcripteurs, — en matière géographique, bien entendu, — seul le comité anglais de la Société royale a fait mention de l'accent tonique et l'on est d'autant plus surpris de l'importance qu'il y attache que, dans ses autres règles de transcription, il fait table rase des nuances de la prononciation des noms étrangers : il envoie tout simplement ceux qui veulent la connaître, l'apprendre dans le pays d'origine.

S'il n'est pas de langue au monde dont chaque mot n'ait une voyelle dominante, il en est peu dont l'écriture marque l'accent tonique qui la distingue. Les grammairiens eux-mêmes ne s'en sont guère préoccupés. Pour les langues parlées en Europe, hors le grec moderne, je ne trouve d'indication précise à ce sujet que dans la *Grammaire suédoise* de Th. Paban et dans la *Grammaire roumaine* de Mircesco. Le *suédois* surtout, langue plus chantée que parlée, a « des haussements et abaisse-

« ments de ton, formant des intervalles musicaux qui
« sont en effet, dit M. Paban, comparables à une mélo-
« die. — C'est surtout, continue-t-il dans une note, avec
« le récitatif que cette comparaison est à sa place ; c'est
« ce qu'on appelle la mélopée de la langue ».

Chez les Asiatiques, cet accent existe dans l'*arménien*,
où il s'applique particulièrement sur la dernière syllabe ;
puis, dans le *syriaque* où il affecte trois formes distinctes : le *haut*, le *moyen* et le *bas*. Mais c'est dans le chinois et l'annamite que les inflexions de tons sont aussi
multiples qu'importantes au point de vue de la phonétique et bien plus encore de la signification des mots.

Au sujet des dialectes chinois, Reclus a écrit dans le
volume précité de sa *Géographie universelle*, une page
remarquable et qui a sa place dans un travail comme
celui-ci :

« .....La pauvreté de leur idiome en mots de pronon-
« ciation différente oblige les Chinois, de même que
« tous les autres peuples parlant une langue monosylla-
« bique, à changer le sens du mot suivant l'intonation avec
« laquelle ils le prononcent. Le *ching*, c'est-à-dire la mo-
« dulation en ton neutre, majeur ou mineur, décide de la
« signification précise du monosyllabe dans la conversa-
« tion. D'ailleurs, la prononciation chinoise a toujours,
« pour les Européens, quelque chose de vague et d'indé-
« cis, et varie singulièrement de province à province et
« même en des villes rapprochées les unes des autres.
« Ainsi le caractère qui se traduit en français par le mot
« *enfant* et qui se rencontre dans un grand nombre de
« noms géographiques, se prononce *ts* dans la Chine du
« nord ; à Canton, il devient *ti* ou *dz* ; à Macao il se

« change en *tchi*. Le sens de *deux* est exprimé par un
« seul caractère ; mais, sans aller jusqu'en Corée, au
« Japon, en Cochinchine, où la prononciation est encore
« différente, on entend pour ce mot les sons divers de
« *öl, olr, oul, ourh, 'rh, lur, nge, nyi, je, ji, e, i*. De
« même, la plupart des mots homophones subiront des
« changements analogues de sons. C'est principalement
« dans le dialecte de Fo'kien que les sons semblent se
« confondre, au désespoir de l'étranger, qui cherche
« vainement à distinguer entre *l, m* et *b,* entre *h* et *p,*
« entre *ien* et *ion, on* et *in*.

   « Cette variété de prononciations, ajoutée à la pénu-
« rie des mots, donne au *ching* une valeur d'autant plus
« considérable. Le Chinois attache beaucoup plus d'im-
« portance à la tonalité qu'à la prononciation alphabéti-
« que des sons[1]. Ainsi le caractère qui signifie *eau*, peut
« se dire *sui, chui, ch'ui, ch'oui* et même *tchvui,* et tout
« le monde le comprendra, pourvu qu'on sache le pro-
« noncer avec le ton ascendant qui lui est propre ; le
« mot *sui*, prononcé dans un ton descendant n'est com-
« pris de personne. La gamme des mots chinois ne se
« compose pas seulement de la tonalité montante et de la
« tonalité descendante : Morrison et Rémusat[2] énumè-
« rent quatre tons ; de Guignes en reconnaît cinq ; Medhurst
« en trouve sept, et, si l'on comprend l'ensemble des
« dialectes, il faut admettre l'existence de huit tons, une
« octave complète, puisque chacun des *ching* que marque
« Rémusat a ses deux variantes : en tenant compte de

---

1. Wills Williams, *Middle Kingdom ; Dictionnary.*
2. *Grammaire chinoise.*

« toutes les nuances délicates du langage, on pourrait por-
« ter à douze et même au delà le nombre des intonations
« employées dans la conversation des gens du Fo'kien. Cha-
« que mot a sa modulation propre ; il faut appliquer la
« gamme à la conversation, comme le fait un musicien en
« chantant des syllabes. M. Léon de Rosny voit dans le par-
« ler chinois l'indice de l'origine commune du langage et
« du chant..... ». Et plus loin : « Les Chinois entendent les
« sons autrement que les Européens, mais ceux-ci n'ont
« pas l'oreille faite aux intonations chinoises et les re-
« produisent certainement d'une façon erronée. Si les
« Chinois du centre et de l'est, qui adoucissent tous les
« sons et ne possèdent pas, comme leurs compatriotes
« du nord et comme les gens du *Yun-nan*, le son de *r*
« aspiré, sont obligés de prononcer *Folansi* ou *Folansaï*
« pour *français*, et *Bilikien*, *Milikien* ou *Milikien* pour
« *américain*, les étrangers établis dans leur pays leur
« rendent la pareille pour la prononciation des mots in-
« digènes. »

Nous chicanerons d'autant moins Reclus avec la pro-
testation si vigoureuse de l'abbé Perny, dans sa *Grammaire de la langue chinoise*, contre la prétendue pauvreté
de cette langue, que nous n'avons pas qualité pour nous
prononcer sur un sujet aussi épineux que technique.
M. Bazin ne s'est pas préoccupé davantage de cette appréciation. Il est d'accord avec M. A. de Remusat pour
reconnaître les quatre intonations suivantes : 1° *phing*,
ton égal ; les mots qui en sont affectés se prononcent
d'une manière prolongée, sans élever ni abaisser la voix ;
2° *chang*, ton ascendant ; on le rend en élevant la voix
sur le mot qui en est affecté ; 3° *khin'*, ton descendant ;

la voix, d'abord égale, se perd *en s'en allant* comme
l'indique le nom chinois ; 4° *j'ou*, ton rentrant ou bref,
parce que la prononciation, brève et coupée, s'inter-
rompt comme si l'on reprenait sa respiration. « Toute-
« fois, ajoute M. Bazin, les monosyllabes, en s'agrégeant
« dans la langue mandarine, pour former des mots, per-
« dent nécessairement quelque chose de l'intonation ;
« cette intonation est moins forte. Il n'y a guère que le
« ton de la syllabe prédominante qui soit perceptible. »
Puis, en forme de post-scriptum, le même auteur dit
encore que, pour éviter la confusion des signes orthographiques et des signes prosodiques, il n'a point cherché
dans sa grammaire à indiquer le monosyllabe prédomi-
nant d'un mot composé ; il avoue que ce serait d'un
faible secours aux étudiants et que l'usage seul peut apprendre à prononcer correctement une langue.

C'est aussi notre avis.

Rapprochons un peu de ce qui précède, les définitions
de M. Aubaret dans sa *Grammaire annamite :*

« On distingue dans la langue annamite six intonations
« ou tons ; ce sont : le ton égal, le ton descendant, le
« ton interrogatif, le ton grave, le ton remontant et le
« ton aigu.....

« Pour concevoir, par l'exemple du monosyllabe *ma*,
« à quel point changent de sens les mots homophones,
« quand ils sont affectés par le signe d'une intonation,
« nous dirons que *ma* signifie chanvre ; *mà*, mais, pour,
« afin que ; *mả*, sépulcre ; *ma*, enduire, ainsi *ma vang*,
« dorer ; *má*, cheval, employé dans l'expression *binh*
« *mã*, cavalerie ; enfin *má*, veut dire la joue. »

Je serais bien curieux de savoir comment, avec leur

seul accent tonique, nos amis les Anglais se tireront des transcriptions chinoises et annamites, sans parler des autres. De deux choses l'une : ou ils s'en tiendront à leur résolution très pratique de ne pas se risquer à vouloir rendre des nuances que les grammairiens spéciaux renoncent eux-mêmes à figurer ; ou ils l'appliqueront d'une façon aussi notoirement insuffisante que bien intentionnée dans laquelle ne se reconnaîtront ni les Européens ni les Asiatiques.

Pour moi, je ne reviendrai pas sur ce que j'ai dit de la part à faire à la phonétique et à l'étymologie dans les transcriptions géographiques. Mais, dans toutes les langues où l'accent tonique n'est qu'un nouvel à peu près quand il n'est pas une source de confusion de plus, je suis d'avis de ne le pas appliquer. Très souvent, d'ailleurs, notre accent grave ou notre accent circonflexe en approchent assez pour n'avoir pas recours à un signe particulier. Le second sera surtout bien à sa place, quand les intonations comportent une sorte de prolongement de redoublement de la voyelle. Les six tons annamites en offrent un exemple frappant. « Il est à remarquer, dit « M. Aubaret, que trois des six intonations que l'on « vient d'énumérer, la pleine ou égale (*ma*), la grave « (*mạ*) et l'aiguë (*má*) ne comportent qu'un simple mo- « nosyllabe, c'est-à-dire ne font pas prononcer deux fois « la voyelle *a*, tandis que, dans les tons descendants « (*mà*), interrogatif (*mả*) et remontant (*mã*), l'inflexion « de la voix est telle que l'on prononce à peu près comme « si, pour le premier on écrivait *mà-a* et qu'on laisse « tomber la voix sur le deuxième *a* ; le second pourrait « être représenté par le mot *ma-a ?* et enfin, le troisième

« par *ma-á*. » L'*û* affecté à la transcription des trois
derniers tons les distinguera déjà des trois autres et in-
diquera le redoublement de la voyelle.

Je ne crois pas que pareille distinction soit possible
dans le chinois ; cependant l'abbé Perny, qui reconnaît
cinq tons, se sert de l'accent circonflexe pour le 2e ton,
de l'accent grave pour le 3e et de l'accent aigu pour le
4e. Quant au 1er il le désigne par le trait placé au-dessus
de la lettre, lequel supplée souvent, dans les transcriptions usuelles à l'accent circonflexe ; et, pour le 5e, il
emploie le signe (˘) bref. Mais c'est un pur artifice de linguiste et là tout est de convention. Cette transcription
serait néanmoins plus acceptable que celle de Bazin qui
fait précéder le mot de l'esprit rude pour indiquer le ton
ascendant, et le fait suivre de l'esprit doux pour indiquer
le ton descendant. Le ton égal selon lui ne porte aucun
signe, tandis que le ton rentrant est indiqué par le signe
bref.

Comme l'accent circonflexe seul représente pour nos
oreilles européennes un son bien distinct et plus ample
que celui de la voyelle sans accent, nous ne voyons guère
moyen de l'appliquer que pour le *ton élevé*, soit le troisième indiqué par l'abbé Perny, le même nommé par
Bazin, ton ascendant.

Et puisque nous en sommes aux transcriptions chinoises, nous dirons, en terminant la question des
voyelles, que l'argumentation de Reclus sur les variétés
de prononciation, nous persuade plus que jamais de
nous en tenir à la langue mandarine, à l'exception,
comme toujours, des transcriptions déjà acquises d'une
manière générale et à peu près incontestées aujourd'hui.

Ainsi nous sommes d'accord avec lui quand il dit : « Un
« grand nombre de noms géographiques ne nous sont
« connus que sous la forme qui leur est donnée par le
« dialecte mandarin ; mais si l'on voulait transcrire tous
« les noms conformément à cette orthographe, il faudrait
« écrire *Betzing* au lieu de *Péking*, *Mangou* au lieu de
« *Macao, Hiamoun*[1] au lieu d'*Amoï*, *Hiang-Kiang* au
« lieu de *Hong-Kong*. » Cependant nous sommes d'avis
que ces noms devront figurer sur les cartes chaque fois
qu'il sera possible et, en tous cas, dans le *Lexique géographique* de l'avenir.

De tous les alphabets que l'auteur aura à transcrire,
les plus complexes sont assurément l'arabe et le russe.
C'est bien moins le nombre de leurs caractères que les
altérations subies par ceux-ci — altérations dues aux
idiomes nationaux, aux influences locales, ou encore à
des règles grammaticales — qui en rendent la transcription difficile et délicate. On sait en effet que l'alphabet
arabe sert à la fois au turk, au persan, à l'indoustani et
au malais, et que, dans les pays mêmes de langue
arabe, la prononciation de certaines lettres est profondément modifiée suivant les régions. On a vu également
que le russe, en dehors de ses variantes chez les nations
de race slave, donne des inflexions très diverses à plusieurs des caractères de son alphabet.

Donc, résoudre dans la mesure du possible les difficultés de transcription de ces alphabets, c'est, à très peu

---

1. La plupart des cartes donnent, entre parenthèses, le nom de *Hia-
men*.

près, résoudre celles que peuvent offrir, en nombre ou en subtilité, tous les autres.

Au surplus, chaque fois que, dans la série des consonnes, il se présentera un cas spécial à d'autres langues, nous le signalerons. *A priori*, nous laissons de côté les consonnes dites *cérébrales* particulières au *sanscrit*, au *zend*, au *tibétain* et au *bengali* ; c'est là une des nuances contre lesquelles protestait Volney et qui, fussent-elles bien observées, ne seront jamais rendues convenablement dans notre langage.

Onze lettres de l'alphabet arabe ont leurs équivalents en français : le ـب *ba* (b), le د *dal* (d), le ـف *fa* (f), le ه *hé* (h aspiré), le ـك *kef* (k), le ل *lam* (l), le م *mim* (m), le ن *noun* (n), le ر *ra* (r), le ـس *sin* (s), le ـت *ta* (t), le ز *zeïn* (z), dont les correspondants russes sont le б *bé*, le д *dé*, le ф *éfe*, le г *ghé* (ayant dans certains cas la valeur *h* aspiré), le к *ka*, le л *éle*, le м *ème*, le н *ène*, le р *ère*, le с *ése*, le т *té* et le з *zé*.

Nous ne parlons pas du *c dur*, emprunté aux latins. Ceux-ci n'ayant pas le *k*, lui ont substitué le *c* ; cependant on croit que le *k* existait dans les premiers alphabets romains sans que l'on puisse préciser à quelle époque il en a disparu. A ce moment le *c* avait l'articulation du *g* et c'est lorsque ce dernier caractère fut introduit dans l'alphabet latin que le *c* tint la place du *k*. Je laisse d'ailleurs à plus compétent que moi de décider de ce point et des vicissitudes de la lettre *k*. Toujours est-il que les alphabets néo-latins et teutoniques ont conservé l'articulation du *c* dur de la façon la plus illogique du monde, puisque devant *e* et *i*, ils lui donnent les valeurs diverses de *s*, *ts*, *tch*, *c*, etc. Ce caractère n'a donc pas sa raison d'être dans un alphabet de transcription et les anciens missionnaires, qui l'ont maintenu dans l'alphabet latino-annamite, sont obligés de recourir au *k* devant les voyelles *e* et *i*. On se demande vraiment par quelle inqualifiable inconséquence notre langue officielle, qui fait si volontiers table rase des signes caractéristiques de cet alphabet, nos marins et nos correspondants maintiennent une transcription que rien ne justifie ?

Ainsi, partout nous rendrons le son du *c* dur par la lettre *k*, sauf dans les mots consacrés par un long et universel usage : *Corinthe*, *Calcutta*, *Cochinchine*, *Cuzco*, *Corée*, qui seront maintenus, sauf à leur restituer, dans le *lexique* et entre parenthèses leur nom original avec la transcription exacte.

L'alphabet arabe a, comme l'alphabet français, la lettre *q* dans le *qof* (ق), de même articulation que le *k*, quoiqu'un peu plus guttural. Certains orientalistes s'accordent à le transcrire par le *q* français, mais en se dispensant de le faire suivre de l'*u*, source d'équivoque par suite de la prononciation variable de *qu* dont nous avons l'exemple dans les mots *quadrupède* et dans *quadrillage*. Ce groupe n'a sa raison d'être que dans les noms italiens, espagnols (devant *e*, *i*, *o*), allemands et anglais où il a la valeur de *qou*, comme dans l'annamite.

Si le *q* n'existe pas dans le russe, non plus que le groupe *qu*, il fait partie des alphabets *hébreu*, *syriaque*, *phénicien* et *arménien*, avec la même valeur qu'en arabe. Sa présence dans une transcription révèlera donc l'origine sémitique de celle-ci.

Appliqué aux autres langues asiatiques, l'arabe a recruté quatre caractères non compris dans son alphabet ;

ce sont le *ja* (ج), le *saghir-noun* et le *guef* rendus par un même signe (ڭ), le *pa* (پ) et le *tchim* (چ), dont les équivalents français sont le *j*, le groupe *ng* et le *g* dur, le *p* et le groupe *tch*. Cette dernière consonnance se retrouve dans le *ch* anglais et espagnol, dans le *tsch* allemand, le *c* italien, le *ts* ou *cs* magyares, dans le *č* slave et le ч russe. Le russe possède également deux des caractères précités dans le *pé* (п) et dans le *jé* (ж), ainsi que les autres chuintantes *cha* (ш) et *chtcha* (щ) dans lesquelles *ch* est toujours doux comme le *chim* (ش) arabe.

C'est d'ailleurs la valeur constante que tous les transcripteurs donnent à notre groupe *ch*, à l'exception des noms dérivés du grec, comme *Chersonèse*, *Chalcidique*, etc., où il a la consonnance du *ch* dur de *chrétien*.

Si le *c* dur, pour les raisons que nous avons données, ne peut figurer dans l'alphabet de transcription, il n'en est pas de même du *ç* ou *c doux*, équivalent de l's dur. L'homophonie étant complète entre ces deux articulations, il semble tout d'abord qu'un seul caractère doive suffire à les rendre. Mais des différences étymologiques les caractérisent trop bien pour les confondre. Ainsi, le russe a le *c* doux, même lettre que le nôtre avec la consonnance *s*, ainsi que le з (zé) qui a aussi parfois la consonnance *s*. Il faut donc là deux caractères distincts.

Le sanscrit, le bengali et le zend ont aussi deux caractères pour cette articulation ; mais le premier correspond, dans les mots grecs et latins[1], au son de *k* et de *q*, — *çwan* équivaut à χυών, *açuas* à *equus*, — et le *c*, adoucissement du *c dur*, rappelle cette concordance : nou-

---

velle raison de conserver le *ç* dans l'alphabet de transcription.

L'articulation du groupe *dj* français correspond aux caractères simples du *g* italien et roumain (devant *e* et *i*) et du *djim* (ج) arabe, d'une part, et, aux groupes *dz* polonais, *dzs* magyare, *dz* slave et дж russe d'autre part. Le *d* entre encore dans un autre groupe *ds* ou *dz*; nous le rendons par le seul *dz*, encore que chacune des deux formes corresponde, mais en arménien seulement, à deux caractères différents. Le général Parmentier ne croit pas qu'il y ait la moindre différence entre les deux consonnances et qu'il soit plus possible de prononcer la douce *d* suivie de la forte *s*, que la forte *t* suivie de la douce *z*. On écrira donc toujours *dz* et *ts*. La première de ces articulations équivaut au *z* doux italien; elle se retrouve, comme nous le verrons plus loin, dans les variantes de certaines lettres de l'alphabet arabe, ainsi que dans le tibétain. La seconde exprime le ц russe et a ses équivalents en arabe (Maghreb), en tibétain et en arménien. En chinois, certains géographes maintiennent la forme *tz*, sans nul doute aussi peu exacte que *ts*.

La lettre *f*, dans l'alphabet de transcription, remplacera toujours *ph*, excepté dans les noms d'origine grecque. Le russe, comme l'ancien slavon, a deux caractères dont l'un, de la forme du Θ grec, répond à *f*, et l'autre de la forme du Φ grec, répond soit à *f* soit à *ph*, d'après MM. Reiff et Léger. Il faut donc conserver *f* pour l'un et *ph* pour l'autre. Dans les transcriptions des orientalistes, *ph* a une toute autre valeur dont nous parlerons quand nous traiterons des lettres emphatiques.

Le *k* forme avec l'*s* le groupe *ks* par lequel certains

transcripteurs pensent devoir rendre l'*x* dur, en raison
des variations de ce dernier caractère dans des mots
comme *Xerxès, exigeant, sirain*, etc. Mais en fixant,
par la même convention que nous avons admise déjà et
à laquelle nous aurons recours pour les lettres à valeur
variable — celle de *x* par *ks* qu'il a dans toutes les
transcriptions orientales, — nous serons dispensés de recourir à deux lettres pour une seule articulation[1]. C'est
ainsi que Reclus a conservé l'*x*, à l'exemple d'ailleurs des
explorateurs de l'Indo-Chine, depuis Mouhot jusqu'à
Néis. Aussi suis-je étonné que les traducteurs de l'Atlas
d'Andree, exagérant ainsi le principe de la transcription
d'après la prononciation locale — et nous savons ce que
vaut ce système appliqué aux langues orientales — aient
écrit le même mot de *Xieng*, tantôt *K'ieng*, tantôt *Chieng*,
sans que ces derniers soient plus exacts que l'autre. C'est
tomber dans l'excès prévu par les géographes anglais, et
d'après cette méthode, le mot générique de *Xieng*, qui
signifie *chef-lieu* et *province*, devrait figurer en trois
endroits dans le glossaire de l'Atlas susdit; c'est peut-
être pour cela qu'on ne l'y a pas mis du tout.

En faisant *x* l'équivalent de *ks*, nous n'aurons recours
au groupe *gz*, formé des *faibles g* et *z* correspondant aux
fortes k et *s*, pour représenter *x* doux, que dans des cas
très rares, si tant est même qu'il s'en présente.

Le Ξ grec sera toujours rendu par notre *x*.

La préférence donnée à la lettre *x* sur le composé *ks*,
est justifiée encore par ce que dit M. Aubaret sur la valeur de cette lettre dans l'alphabet annamite :

---

1. À l'exception cependant de l'arabe où l'articulation *ks* est représentée étymologiquement par les deux lettres *kef* ڪ et *sin* س .

« Il est difficile, sinon impossible, de représenter par
« un exemple le sifflement particulier qui forme le son
« de cette lettre. Les mots *xa,* loin ; *xe,* voiture ; *xich,*
« rouge ; *xong,* terminé, se prononcent à peu près
« comme s'ils étaient écrits *csa, cse, csich, csong,* mais
« en faisant très peu sentir le *c* . »

Revenons à l'ordre normal de nos consonnes.

L'*l* (1) russe que nous avons assimilé à l'*l* français,
n'a pas toujours la même valeur. Devant les voyelles
dures — telle est l'expression de M. Reiff — et les consonnes *fortes,* il devient l'*l rude* ou l'*l barré* (ł) du polonais équivalant au *la* du sanscrit (ॡ), aujourd'hui disparu,
et dont le son s'obtient en appuyant fortement la langue
contre les dents supérieures. Cette prononciation ressemble un peu, dit le même auteur, à celle de l'anglais
dans *poeple.* Comme cet *l barré* existe dans les typographies bien organisées, il sera bon de s'en servir dans les
transcriptions relatives aux travaux géographiques spéciaux et, à plus forte raison, dans les cartes géographiques. Mais quand il y aura quelque difficulté à son emploi
— comme dans les publications de vulgarisation et d'enseignement, dans la presse quotidienne, etc. — on pourra
s'en passer sans inconvénient grave.

Les consonnes mouillées devant être l'objet d'un paragraphe spécial, nous laissons, pour le moment, *ll mouillé*
et ses équivalents.

Quand nous avons étudié les nasales, nous avons eu
l'occasion d'observer les diverses transcriptions du caractère *n,* suivant la nature même de ces nasales, et l'on
a vu que nous avons employé, à l'exemple de Reclus et
des transcripteurs de l'atlas d'Andree, l'*ñ* espagnol pour

rendre le son de *gn* mouillé. Ce dernier groupe a des valeurs diverses dont on a des exemples dans les mots *régner*, *peigne* et *stagnation*, et le faire suivre de l'*e muet* ou du signe suppléant à cette lettre, ce serait faire deux syllabes d'une seule, chose doublement contraire aux règles d'une bonne transcription. C'est déjà trop de se trouver dans la nécessité d'employer deux lettres pour un même son; à plus forte raison quand il s'agit d'en employer plusieurs alors qu'il existe, dans un alphabet voisin et connu, un caractère simple rendant tout aussi exactement la consonnance à transcrire. L'*ñ* espagnol existe aujourd'hui d'ailleurs dans toutes les typographies et bon nombre d'auteurs en usent.

D'autre part, comme nous l'avons vu, le turk, le persan, etc., ont le *ڭ saghir* — *noun* qui équivaut à notre groupe *ng*. Ce dernier ne sert donc pas seulement à caractériser une sorte particulière de nasales; il précède fréquemment les voyelles, et la consonnance qu'il représente se trouve surtout dans les langues de l'Asie centrale et orientale. C'est une sorte d'anhélation, dit M. Bazin, et il est d'autant moins possible de la rendre exactement que là encore notre oreille est aussi rebelle que notre alphabet insuffisant. Certains orientalistes l'ont rendue très imparfaitement par l'*esprit rude* ('), principalement quand l'anhélation est initiale. Dans les corps des mots, à la suite des voyelles, quelques grammairiens l'ont transcrite par le γ pointé, emprunt assez maladroit, car ce caractère étranger ne rend la consonnance voulue que dans les cas particuliers, en grec, où la voyelle est suivie de deux γ consécutifs. Notez que le γ ne conserve pas toujours sa valeur, et que notre *g* étant admis toujours dur, personne ne se méprendra jamais sur la prononciation du groupe *ny*.

Le *p*, qui existe dans l'alphabet russe et dans les lettres supplémentaires de l'alphabet arabe, forme avec l's un groupe *ps* équivalent exactement au Ψ grec, les caractères simples des autres alphabets ne le reproduisent pas, sinon l'alphabet cyrillien (Ψ). Il est singulier que l'alphabet russe, dérivé de ce dernier, ait perdu ce caractère, alors qu'il a conservé le ц, le ч, le ш, etc.

La lettre *r*, avec le *j*, donne l'articulation *rj* que l'on trouve seulement dans le *ř* tchèque et dans le *rz* polonais.

Nous avons établi déjà que les lettres *s* et *c*, de même consonnance, avaient des rapports étymologiques très différents avec leurs correspondantes des alphabets étrangers. L'arabe a deux sortes d's ; le *sin* (س) et le *s'ad* (ص). Pour les distinguer, le général Parmentier conclut à la transcription de ce dernier par le *c*. Mais le *s'ad* arabe est une sorte d's dur emphatique, qui n'est pas comme notre *c*, et suivant l'argument de M. Basset, l'adoucissement d'un *c* dur correspondant, dans les mots grecs, au κ. Aussi, ai-je dû rejeter la transcription proposée par l'éminent général, et adopter la forme de l's *emphatique*.

Le *z* français, qui a des équivalents dans la plupart des langues, figure souvent, avons-nous dit, dans les transcriptions des sinologues, précédés du *t*. Ainsi on écrit souvent *Yang-tzé-kiang* au lieu de *Yang-tse-kiang*. Remarquons encore, en passant, d'après ce que nous savons de la valeur de l'*e* muet dans les transcriptions du chinois, que c'est *tso* et non pas *tsé* qu'on devrait écrire.

Après avoir étudié les caractères de l'arabe et du
russe de même prononciation que les nôtres, il nous
faut examiner, non seulement ceux dont la consonnance
n'a pas d'équivalents absolus dans notre langue, mais
encore ceux d'entre eux qui subissent, suivant les nationalités ou les régions importantes, des modifications ou
des altérations plus ou moins radicales. Cette observation s'applique plus exclusivement à l'arabe qu'au russe,
car, dans cette dernière langue, ces transformations sont
pour la plupart purement grammaticales et déterminées
par des règles ou par des signes particuliers. Dans l'a-
rabe, au contraire, rien n'explique au lecteur la différence
de prononciation d'un même caractère : ce sont des
nuances propres à des dialectes régionaux assez répandus
ou aux caractères philologiques des langues pour lesquelles l'alphabet arabe est employé, sans qu'une va-
riante de l'écriture, ou un signe diacritique, serve d'indice au transcripteur.

Aux difficultés qui résultent d'un tel état de choses
viennent s'en joindre d'autres causées par l'absence de
toute indication des voyelles, dans l'écriture malaise surtout ; de sorte que l'auteur le plus consciencieux, s'il
n'est complètement versé dans cette langue, ne saura
en discerner les consonnances.

Il serait puéril de nier que les nombreux dialectes
malais semblent ainsi se soustraire à une transcription
méthodique et, ici, les partisans de la transcription phonétique pure et simple paraissent avoir très beau jeu.

Tout d'abord, il convient d'écarter les nuances dialectiques locales et restreintes, ainsi que nous l'avons amplement démontré pour les langues chinoise et annamite, et

n'observer que celles qui s'étendent à des régions assez considérables ou à des nationalités bien définies.

Ramenée à ces termes, la question ne nous paraît pas plus insoluble que pour l'arabe dont nous sommes, pour le moment, plus en état d'étudier les variétés de prononciation. Nous nous exagérons certainement la difficulté, car, depuis Schleiermacher jusqu'à Alfred Tugault, les grammairiens ne paraissent pas en avoir pris souci et sont tout à fait muets à cet égard. Ce qui nous préoccupe uniquement, au cas particulier, c'est le désir de puiser à la source et de pouvoir contrôler les transcriptions déjà faites par les Espagnols et les Hollandais.

Pour l'indoustani, les obstacles sont moins nombreux encore — car il ne faut pas perdre de vue que nous envisageons seulement le cadre assez limité des transcriptions géographiques — si nous en croyons M. Garcin de Tassy. « De même, dit-il, on réduit habituellement au- « jourd'hui, dans l'Inde et en Angleterre, les deux dia- « lectes musulmans au seul dialecte *urdû* (ourdoû) ; car, « en effet, il n'est plus question, depuis quelques années [1], « que du *hindî* par quoi l'on entend l'indoustani écrit en « caractères davanagaris, et de l'*urdû,* c'est-à-dire de l'in- « doustani écrit en caractères persans. On paraît même « faire de ces deux branches deux langues bien différentes, « bien qu'elles n'en forment véritablement qu'une seule, « puisque leur grammaire est la même et qu'il n'y a « qu'un certain nombre de désinences qui varient. »

Donc, quoiqu'il arrive, le problème n'est pas plus insoluble là que pour l'arabe.

---

1. Et c'est en 1863 que M. Garcin de Tassy écrivait ces lignes.

Je dois à M. René Basset, sur cette langue, des indications précises et complétant heureusement les données du général Parmentier.

On sait déjà que plusieurs caractères arabes ont, en turk et en persan, une prononciation différente et bien définie : ce sont le *tha* (ث) qui se prononce comme *s* ; le *d'al* (ذ), le *z'a* (ظ) et le *dad* (ض) équivalant à notre *z* ; le *s'ad* (ص) ayant la consonnance de *s*, le *t'a* (ط) et le *qof* (ق) ayant celles de *t* et de *k*. Ces langues ne connaissent pas le *ouaou* (و), diphthongue initiale ou demi-voyelle, en revanche elles ont le *v*. Les régions avoisinantes de la Perse et de la Turquie se ressentent fatalement de ces diversités et il y a lieu d'en tenir compte.

L'arabe du *Maghreb* diffère aussi à son tour de la prononciation originelle. Le *ta* (ت) s'y prononce *ts* ; le *tha* (ث) comme le *t* ; le *d'al* (ذ) *d* et le *z'a* (ظ) *d'*, comme en persan et en turk.

Chez les Arabes d'*Égypte*, le *tha* (ث) et le *d'al* (ذ) subissent les mêmes altérations ; le *djim* (ج) y devient *g dur* et *j* en *Tunisie* ainsi que dans les villes de la côte de *Syrie*.

D'autre part, dans le désert du *Maghreb* et dans le *Sahara*, le *qof* (ق) se prononce *g dur* : dans les cercles d'*Aumale* et de *Bou-Saada*, comme un *ghain* (غ) — et réciproquement, — tandis que, dans quelques villes de l'Algérie et de Syrie, il se rend par une simple aspiration (esprit rude des Grecs).

Mais je ne crois pas qu'il y ait lieu de s'arrêter outre mesure à ces nuances du *qof* que nos gosiers ne différencieront jamais suffisamment, pas plus qu'à celles du *ghain* que les orientalistes transcrivent invariablement par *gh*.

Quelques-uns d'ailleurs des noms de l'Algérie, du Sahara, de l'Orient même, sont consacrés par une orthographe généralement admise et à laquelle ces variantes se sont imposées.

De l'alphabet arabe, il nous reste encore plusieurs caractères à analyser, non des plus simples : nous les retrouverons dans les *aspirées* et dans les *emphatiques*.

Parlons d'abord des *mouillées*.

C'est là, comme on sait, une expression conventionnelle indiquant la nature de la modification apportée à certaines lettres par analogie avec la consonnance des deux *ll* dans ce mot.

Les lettres *d, t, l, n* sont dites mouillées lorsque les deux premières affectent l'*i*, suivi d'une autre voyelle, comme dans *diable, tiare*, etc., que la troisième, redoublée, comme dans *bailler*, et la quatrième sous la forme *gn*, comme dans *mignard*, ont une consonnance analogue.

Dans ce cas les groupes *dia, tia, ller, gnard*, prononcés d'une seule émission de voix, nous ramènent aux sons similaires que nous avons étudiés dans les voyelles précédées de *y*. Ils existent dans la plupart des langues de l'Europe. Ce sont le *d'* (ou *ď*) et le *t'* (ou *ť*) tchèques, le *lj* serbe et croate, le *ll* français et espagnol, le *lh* portugais, le *l'* tchèque et le *ly* magyare. Cette dernière forme rentre exactement dans notre type de transcription et c'est celle qui s'impose naturellement à notre alphabet pour les lettres *d, t* et *l*. Une nuance très marquée ne permet pas de l'appliquer à l'*n* qui représente fréquemment, comme nous l'avons vu, le groupe *gn*. Dans l'intérieur des mots, la forme *ny* atteindrait parfaitement le

but [1] ; mais le plus souvent, cette consonnance est finale —
ce qui arrive rarement pour *d, t,* et *l* — et cette syllabe
ny, autant, sinon plus que *g*, ne répondrait exactement
à la consonnance à exprimer. C'est sans doute une des
raisons qui a valu à l'*ñ* espagnol la préférence de tous
les transcripteurs ; mais tous ne lui ont pas conservé sa
valeur originale. Lepsius, particulièrement, l'avait appliqué à *ng,* et Minayef, dans sa *Grammaire pâlie,* traduite
par Stanislas Guyard, a suivi cet exemple, en employant
l'*ñ* italique, tandis qu'il laisse à l'*ñ* romain la valeur *gn*
mouillé. Toutefois, cette méthode n'a pas prévalu, encore
que Max Müller et les missionnaires anglais l'aient par-
tiellement adoptée. D'autres avaient *tildé* le *g* pour rendre *ng.* Sans entrer dans le détail des transcriptions
fantaisistes, j'engage vivement les traducteurs à se mettre
en garde contre les erreurs qu'elles peuvent causer.

Un fait analogue est à craindre, mais dans une moindre
proportion, au sujet des lettres dites *aspirées.* Les linguistes ne paraissent pas, au surplus, avoir distingué,
tout d'abord, celles que tous les arabisants ont désignées sous le nom d'*emphatiques.* Il leur a suffi, sans
doute, que l'aspiration se fît plus ou moins sentir dans
une articulation pour que celle-ci fût dite aspirée.

Cependant la différence est facile à saisir et pas n'est
besoin, pour l'établir, de pénétrer dans les arcanes de
la physiologie phonétique.

Entre les deux exclamations *ha !* et *ah !* il y a une
nuance bien caractéristique. Toutes deux sont formées

---

1. Pour l'*n* mouillé proprement dit, c'est-à-dire tel qu'il se prononce
quand il est suivi de *i,* Reclus le rend par l'*ñ* (*n* barbu) tchèque. Ainsi
il écrit *Dñepr* pour *Dniepr, Néman* pour *Niéman* (Niémen.)

de la voyelle accompagnée du caractère de l'aspiration ;
mais, dans la première, l'aspiration, d'ailleurs plus forte
que dans la seconde, précède le son, tandis que, dans
celle-ci, elle le suit, plus douce et comme un simple
prolongement qui va en se perdant. La première est
aspirée tandis que l'autre est *emphatique :* différence à
la fois de position et d'intensité.

Mais cette différence est bien plus accusée encore
dans l'aspiration fortement gutturale de toutes les langues étrangères. Sans nous étendre davantage dans des
distinctions superflues ici, il est facile de reconnaître
que les voyelles seules sont susceptibles d'être *aspirées,*
— dans des cas plus rares, elles sont même *emphatiques,*
— tandis que les consonnes, à l'exception de trois, ne
peuvent jamais être affectées que *d'emphatisme.* Celui-
ci sera plus ou moins accentué, suivant que la consonne
elle-même sera plus forte ou plus faible. Ainsi l'emphatisme du *d* sera plus doux que celui du *t*, etc.

Si trois consonnes peuvent recevoir l'aspiration gutturale, c'est qu'elles-mêmes sont déjà ou aspirées ou
gutturales par essence. Ce sont le *y*, le *h* et le *k*[1]. Mais
alors l'aspiration nouvelle ne fait qu'augmenter l'explosion gutturale primitive ; elle ne précède ni ne suit la
consonne, toutes deux sont simultanées.

Aspirées ou *emphatiques,* c'est par l'adjonction de la
lettre *h* que notre alphabet exprime les unes et les autres,
et il semblerait naturel d'adopter ce mode dans les transcriptions géographiques ou purement littéraires. Mal-

---

1. On peut même y ajouter *r*, comme nous le verrons plus loin. Le *q*
est aussi dans ce cas, mais alors il se confond le plus souvent avec le *k*.

heureusement, certaines lettres suivies de l'aspirée *h* ont, dans les alphabets européens ou dans des transcriptions traditionnelles chez les linguistes, des valeurs toutes différentes. Notre lettre *h* n'a même pas, dans notre langue, l'intensité gutturale qui l'assimile suffisamment aux fortes aspirations des langues orientales[1]. Il faudra donc recourir à un signe additionnel.

Examinons d'abord les lettres qui rentrent dans la donnée précédente.

Le groupe le plus commun est le *th* anglais, tant par l'immense diffusion de cette langue sur le globe que par les équivalents exacts de cette consonne parmi les idiomes asiatiques. Dans sa plus forte accentuation, il correspond au θ grec et au *z* espagnol ainsi qu'au *tha* (ث) arabe ; dans la plus faible, au δ grec et au *d* final danois, ainsi qu'au *d'al* (ذ) arabe. Exceptionnellement, il est dur dans les mots anglais de *Thomas*, *Thames*, *thyme*, que nous retrouvons dans le suffixe allemand *thum*.

Avec sa haute compétence, le général Parmentier a montré que le *t'a* (ط) n'était *emphatique*, par rapport au *ta* (ت), que pour les Arabes, ce dernier étant un *t* très doux. Seulement, il ne croit pas devoir distinguer ces lettres, et dans la transcription il les rend toutes deux par notre *t* simple.

Seulement, ici, le général rompt en visière avec l'usage

---

1. On cherche en vain à s'expliquer la manière aussi inconséquente que ridicule avec laquelle la plupart des publicistes se servent de *h* aspiré en n'importe quelle langue. Ainsi on lit couramment : la *baie d'Halong*, la *ville d'Hanoï*, *l'île d'Haï-nan* etc., tandis qu'on écrit la *ville de Hambourg*, la *Hollande*, etc. Ailleurs nous avons lu *municipalité de Hyères* (Var), quand on sait qu'ici l'*h* est muet, singularité bizarre consacrée par un long usage, encore qu'au cas particulier l'usage nous paraisse doublement vicieux.

des linguistes, et M. Basset transcrit comme eux, le premier par *t'* et le second par *t*. Malgré la nuance qui différencie peut-être le premier du *t'* emphatique (ट) sanscrit, on ne peut que l'assimiler à celui-ci et adopter le même mode de transcription.

Pour en finir avec le *th* anglais, comme les géographes, — malgré leur grand et légitime désir de remonter aux sources, — auront à s'inspirer, ne fût-ce que pour les contrôler, des transcriptions anglaises pour toutes les régions qui s'étendent de la pointe méridionale du Dekkan jusqu'aux confins de l'Afghanistan et au littoral chinois, je me suis demandé quels seraient les risques d'erreur que pouvait faire courir aux transcripteurs la valeur variable de la consonne anglaise. Or, sur les 14,000 mots environ que contiennent les quatre cartes spéciales à ces régions du *Royal Atlas* de *Keith Johnston*, il n'y en a pas plus de 60 qui contiennent le groupe *th*. Encore faut-il ajouter que la plupart de ces noms révèlent leur origine sanscrite, car ils se répètent, parfois dans la même carte, avec le *t* simple. Ainsi de *Thian* et de *Tian*, de *Thibet* et de *Tibet*, ce qui indique l'hésitation du géographe dans la transcription du *t* emphatique (*t'*).

Pour les autres *dentales* arabes, qui, à part le *dal* (د), sont des variantes plus ou moins adoucies du *th*, le général Parmentier se range à l'avis de M. Duveyrier, lequel transcrit indistinctement par *dh* le *d'al* (ذ) [*th* très doux], le *z'a* ou *dza* (ظ) [*d* emphatiquement prononcé] et le *dad* (ض) [*d* emphatique]. A l'égard de ce dernier cependant, le général ne se rend qu'à regret, dit-il, à l'opinion de l'explorateur.

Il eût fallu plus que de la témérité de ma part pour décider entre les deux, encore qu'il me paraisse étrange de confondre trois caractères, voire même seulement deux, dans une unique transcription.

Je me hasardai timidement, et d'après des analogies apparentes, résultant de la définition même de la valeur de ces lettres, à déterminer un mode de transcription distinct aussi logique que possible. Le *d'al* (ﺫ) étant un *th* doux, je crus rationnel d'adopter la forme correspondante *dh* pour cette lettre. Assimilant de même le *dad* (ﺽ) au *d emphatique* du sanscrit (ﬡ), j'admettais le *d'* comme valeur douce du *t' emphatique*.

Mais la logique a d'autant moins à voir en cela que les définitions elles-mêmes de ces caractères sont ce que valent des définitions à ce sujet, et M. Basset m'a démontré combien, avec un tel système, sans le vouloir, je heurtais les usages de la linguistique et violentais la vérité. La conclusion est qu'il faut transcrire le *d'al* (ﺫ) par *dz*, le *dad* (ﺽ) par *dh* et le *dza* (ﻅ) par *th* ou *z emphatique* (*z'*). Nous avons vu que, chez les Persans et les Turks, tous trois avaient indistinctement la valeur de notre *z*.

Des difficultés analogues se présentent pour le ﻍ arabe que les voyageurs et les géographes les plus compétents rendent tantôt par *gh* et tantôt par *rh*, — suivant les cas, comme dit M. Duveyrier, — selon que le roulement guttural de cette consonne, d'après l'usage local ou l'oreille du transcripteur, se rapproche plus du *g* que de l'*r*. Le général Parmentier a établi que le *gh* doit être uniquement employé pour la transcription du ﻍ. Après avoir constaté l'unanimité des linguistes à ce sujet, il dit : « A

« l'appui de cette opinion, je ferai remarquer encore que
« *jamais* les Arabes ne prononcent le *ghaïn* comme un
« simple *r*, tandis que, dans un certain nombre de loca-
« lités, dans les Zibân, par exemple, cette lettre prend
« exactement la valeur de notre *y dur*. En prononçant
« *aga* (pour *agha*) on fait donc un provincialisme *arabe*,
« on prononce *comme certains Arabes*, tandis qu'aucun
« Arabe n'a jamais dit *ara*. »

M. René Basset fait encore valoir un autre argument
basé sur des raisons étymologiques. « Ce qui prouve »,
m'écrivit-il en réponse à une question que je lui posais
et dans laquelle je spécifiais l'exemple de *Ghât* et *Gh'-
damès* que beaucoup écrivent *Rhât* et *Rhadamès*, « que
« *R, R'* ou *Rh* est une mauvaise transcription, c'est que
« ce غ arabe représente, dans *Gh'damès*, le K des Grecs.
« *Gh'damès* est le Κυδαμος de Ptolémée, *Cydamus* ou
« *Kidamous* de Pline ; *Ghazal* est l'arabe du mot fran-
« çais *gazelle* ; *Grenade* s'écrit en arabe *Gharnata* ; le
« nom d'Auguste, chez les historiens orientaux, est trans-
« crit *Oghoustous*, etc... Le *ghaïn* représente donc bien
« le *gh*, articulation gutturale. »

Nous avons dit que l'aspirée *h* était elle-même susceptible d'un renforcement d'aspiration. On la trouve
ainsi, surtout dans les langues sémitiques ; son type
est le *ha* (ح) arabe plus fortement aspiré que le
he (ه). Certains l'ont figuré par *hh* ; mais le mode
le plus généralement adopté c'est '*h* avec l'esprit
rude (').

Le groupe *kh*, — équivalent de la *jota* espagnole, du
ch dur allemand, hollandais, polonais et tchèque, du χ
grec, du X russe et du *K'a* (ख) sanscrit, — est aussi gé-

néralement adopté pour le *kha* (ﺥ) arabe et pour tous ses similaires.

Le groupe *ph* a reçu, dans notre langue et particulièrement, sinon exclusivement, dans les mots dérivés du grec, une valeur *f* qui n'a aucun rapport avec le *p* em*phatique*. Cependant la différence est là au moins aussi grande que partout ailleurs, et si, dans les transcriptions des langues orientales, — soit que nos voyageurs aient mal saisi la prononciation vraie, soit qu'ils n'aient pas trouvé de terme plus approché, — ce groupe se trouve dans un très grand nombre de mots, il ne s'ensuit pas qu'il réponde à l'articulation de notre *f*.

« H après un *p*, dit M. Aubaret dans sa *Grammaire* « *annamite*, forme le son double *ph*, qui remplace, chez « les Annamites, la lettre *f*, que ce peuple ne peut pas pro « noncer comme nous avons l'habitude de le faire en « France. Il entre, en effet, dans leur façon de rendre le « son de *f*, une sorte d'embarras assez semblable à ce « lui des enfants dont la prononciation n'est pas encore « distincte, et dans lequel on retrouve, quoique impar « faitement, la lettre *p*. »

En attendant que nos grammairiens aient appris aux Annamites à prononcer la lettre *f*, — et ceux-ci ne sont probablement pas pressés de le faire, — c'est à nous à conformer notre orthographe à leur prononciation vraie en dehors des nuances de détails. Certains transcripteurs proposent le groupe *pf* pour le *p emphatique* par analogie avec *bv* pour le *b emphatique* en raison de l'*f* ou du *v* qui semblent ressortir de ces deux articulations; mais il nous paraît plus simple, plus logique, autant que plus approché de la vérité, de donner à ces lettres la forme générale de l'emphatisme que nous déterminerons plus loin.

On sait que le groupe *sh* a, en anglais, la valeur de notre *ch* doux français, et tous les géographes comme tous les linguistes sont d'accord pour rendre cette consonnance uniformément par *ch*. Nous ne voulons pas encourir le reproche d'hérésie en disant que nous voyons, nous, une différence entre *ch* et *sh* ; que ce dernier nous semble plus doux et tenir le milieu entre *ch* et *j* français, à tout le moins, dans une grande partie des noms orientaux. Mais dans le sanscrit et dans le bengali, il y a une sorte d's emphatique [1] qui a le son de *ch* ; l's même de l'alphabet des missionnaires pour l'annamite, sans doute par un reste de respect pour l'étymologie, a la même consonnance ; donc, quand bien même la légère nuance que nous croyons voir entre *ch* et *sh* n'existerait pas, — et nous ne soutiendrions pas la moindre controverse sur ce point, — l'étymologie nous semble exiger le maintien de la forme *sh* pour la transcription des langues précitées. Ce sera, comme nous avons eu occasion de le remarquer à propos du *kaf* et du *qof* arabes, un moyen de caractériser mieux l'origine des mots. Cela dit, partout ailleurs nous maintiendrons la forme *ch* pour son équivalent dans les autres langues, de même que la forme de l's *emphatique* partout où elle rendra exactement la consonnance correspondante. Ainsi ferons-nous pour l's du japonais, emphatique surtout dans le midi du Japon, et que Reclus, tout en reconnaissant cette nuance, transcrit, bien à tort selon nous, par un *s* simple.

---

1. Voir **Burnouf** et **Leupol**, *Grammaire sanscrite.*

Les Anglais ne sont pas plus exacts en mettant *sh*; mais les Allemands, en adoptant cette dernière forme — le sont davantage, car, pour eux, *sh* c'est l's *emphatique*. Pour nous, nous écrirons *s'ima* (île) et *s'ivo* (courant) et non pas *sima* ou *shima*, *sivo* ou *shivo*[1].

Remarquons, en passant, que l'alphabet syllabaire du japonais, — et l'on sait qu'il a huit formes différentes, — a des analogies de consonnances presque complètes avec le nôtre. Seules, la lettre *s* et, si l'on veut, l'*y* demi-voyelle, très fréquent dans les syllabes, font exception.

Une autre remarque encore au sujet de certains noms géographiques japonais dans lesquels la diphthongue finale *ou* disparaît presque complètement en parlant. Reclus pense qu'il convient de la supprimer dans les transcriptions ; les Allemands au contraire la maintiennent et écrivent *Sikoku* et non *Sikok*. Je pense que, pour rappeler cette muette d'un autre genre, il serait logique de la figurer par le signe que nous adopterons pour les muettes française et russe.

Dans cet examen des consonnances les moins compatibles avec notre alphabet, nous avons suivi un ordre aussi méthodique que le comportent la complexité, les inégalités mêmes du sujet. Il nous en reste quelques-unes à signaler encore, sans préjudice des particularités de l'alphabet annamite.

---

1. Dans une grande carte du Japon, actuellement en cours de publication, M. Hermann Habenicht s'est servi du *ś* slave pour *sh*. Si son intention est des plus louables par la préférence qu'il donne à un caractère simple sur un caractère double, nous n'accepterions celui-là qu'à regret. le croyant moins exact, au cas particulier, et d'un emploi risqué en raison du signe diacritique dont il est affecté.

Le *djim* (ح) arabe, dont nous avons signalé certaines altérations, devient *j* dans les transcriptions du malais, mais un *j* qui n'a rien de commun que le nom avec notre *j* français. Voici ce qu'en dit M. Alfred Tugault dans sa *Grammaire malaise* ainsi que du *tchim* de l'alphabet *turk-persan*, transcrit du malais par X.

« *Ja* et *xa*, sons que les Malais écrivent ح et ج et que
« la plupart des Européens prononcent *dj* et *tch* (comme
« dans a*dj*ectif, caou*tch*ouc), mais qui, en réalité, n'exis-
« tent pas dans notre langue. Pour faire comprendre la
« valeur de ces deux consonnes, prenons les syllabes *ja*
« et *xa* : *ja* tient le milieu entre *dya* et *gya* (c'est-à-dire
« entre nos syllabes *dia* et *guia*) ; *xa* tient le milieu en-
« tre *tya* et *kya* ; c'est la *ch* espagnole (mu*ch*acho). »
Dans notre transcription, les mouillées *dy* et *ty* nous paraissent répondre suffisamment à ces consonnances. C'est
au même ordre phonétique qu'appartiennent le *gy* du
magyare, qui équivaut à *dy* ; le *gi* de l'alphabet des missionnaires qui se prononce, dit M. Aubanel, « comme *lli*
dans *bouilli*, *recueilli* », et que nous transcrivons, nous,
d'après la valeur de l'*y* demi-voyelle, par *yi*.

Dans le malais aussi, le *dad* (ض) et le *t'a* (ظ) arabes
subissent une altération profonde et deviennent *dl* et *tl*.
Cette langue possède, en outre, de plus que l'arabe, le
ñ espagnol dans le ڽ (*ña*).

De ce que nous avons dit déjà de l'alphabet annamite,
on a vu qu'il a été l'objet d'une transcription particulière,
due aux anciens missionnaires portugais, laquelle est devenue, pour la cause que nous explique M. Aubanel, le
truchement de l'enseignement de la langue annamite et
l'intermédiaire entre les Annamites et les Européens.

Après avoir montré, comme nous l'avons fait d'après lui, que cette langue n'offre de difficultés que dans ses intonations, M. Aubanel ajoute : « .... Pour ce qui est « de la prononciation proprement dite, elle a très peu « de sons difficiles à émettre et capables de créer, pour « les Européens, de sérieux obstacles à l'étude phoné-« tique. »

Ce n'est donc pas de ce côté que s'est fait sentir la nécessité d'une transcription presque obligée, dans un alphabet de forme latine. « La langue annamite, dit plus « loin notre auteur, n'a pas à proprement parler d'écri-« ture, c'est le chinois qui en tient lieu ; cela ne veut pas « dire que l'annamite s'écrive en chinois, mais cela signi-« fie qu'en Cochinchine il faut savoir deux langues : l'an-« namite pour parler et le chinois pour écrire. Or, celui-« ci étant fort compliqué et difficile pour le vulgaire, les « Annamites ont usé, pour transcrire leur langue com-« mune, à peu près du même procédé que les anciens « missionnaires, c'est-à-dire qu'ils ont composé, à l'aide « de caractères chinois, des syllabes de convention, « comme les missionnaires l'ont fait avec des caractères « latins. »

C'est donc à une époque où l'on ne s'occupait guère de transcription méthodique, car il faut remonter sans doute à deux siècles et plus en arrière, que s'est formé, presque parallèlement avec l'alphabet indigène, l'alphabet dit *quoc-ngu* (kouok-ngou). Dans le pays l'alphabet vulgaire s'appelle *chu'-nom* (ch'ö-nomm) et l'alphabet chinois *chu'-nhu* (ch'ö-nyou). Ainsi s'expliquent des transcriptions bizarres d'apparence et les altérations subies par l'alphabet portugais primitivement employé, pour l'ap-

proprier aux exigences d'une langue si absolument différente.

Nous ne reviendrons pas sur ce que nous avons dit au
sujet des accents et des signes diacritiques nombreux
employés dans cet alphabet et pas n'est besoin d'insister
sur les erreurs auxquelles on serait incessamment exposé
par leur emploi. Mais nous devons quelques éclaircissements sur la valeur particulière d'un certain nombre de
caractères latino-annamites.

Dans les voyelles il est à remarquer : 1° que *e* a la valeur de *é*, et *é*, celle de *é* ; 2° que l'*i* simple se lie toujours
à la voyelle précédente comme dans *aï*, tandis que l'*y*
s'en sépare toujours comme dans *a-i* ; 3° que l'*o* a exactement le son de *ö* allemand, ce qui est encore un argument en faveur de l'adoption de ce dernier ; 4° que l'*u*
équivaut à la diphthongue *ou* et doit, après la lettre *a* et
à la fin d'un mot, se prononcer séparément, tandis qu'en
pareil cas *a* et *o* forment diphthongue ; 5° que l'*u* se prononce plus durement que l'*o* et par conséquent sera aussi
bien rendu que possible par '*u* (*u* précédé de l'esprit rude),
car rien ne saurait l'exprimer plus exactement ; 6° qu'enfin « lorsque *u* et *o* se rencontrent dans le même mot, il
« en résulte un son assez difficile à saisir et qu'il est tout
« à fait impossible de représenter dans notre langue :
« Exemples : *ru'o'u*, vin ; *nu'o'c*, eau » ; qu'en conséquence nous n'avons pas autrement à rendre ce son qu'en
figurant, comme dans les exemples précités, chacune des
voyelles par le caractère correspondant de notre alphabet
indiqué plus haut. Ainsi nous écririons *ru̇öou* et *nu̇ök*.

Dans les consonnes, l'alphabet annamite possède les

trois articulations dures *c*, *k* et *q*, avec cette particularité que *c* ne se place qu'au commencement et à la fin des mots et que *q* est invariablement suivi de *u* pour former le son *qou*. Tout en supprimant le *c* dur, peut-être eût-on pu, comme nous l'avons fait pour le *qof* arabe, conserver le *q* de préférence même au *k*, lettre qui n'existait pas dans l'alphabet portugais primitif; mais rien ne rattache cette lettre, au point de vue étymologique, à l'idiome annamite. D'autre part plusieurs géographes, notamment Reclus et les traducteurs de l'Atlas d'Andree, ont adopté uniquement le *k* et nous ferons de même.

Par un exemple unique en son genre, le *d* ordinaire a, dans l'alphabet des missionnaires, la valeur de *d* mouillé (*dy*), tandis que le *d* barré se prononce exactement comme *d* naturel. Au Tong-King le *d* simple se prononce à très peu près comme le δ grec que nous transcrivons par *dz* et c'est ce qui explique qu'à l'exemple de M. Romanet du Caillaud, — car la lettre *z* n'existe pas dans l'alphabet *quoc ngu*, — les géographes écrivent *Hai-dzuong*.

Pour rendre le *g* dur devant *e* et *i* on le fait suivre de *h*; mais nous avons vu l'affectation spéciale de ce groupe (*gh* pour le *ghaïn*) et nous ne reviendrons pas sur ce que nous avons dit sur le *g* dur.

A côté de la consonnance *ng* l'annamite a celle de *ngh*, plus forte autant que plus sourde, et, d'après nos indications précédentes, nous la distinguerons par *ng'* (*ng* suivi de l'esprit rude).

L'*r* annamite doit être rendu par un roulement bien accentué, et l'on ne serait pas compris en le grasseyant; mais nous ne voyons pas là de motif suffisant pour adopter une transcription distincte.

Enfin, comme dernière particularité, M. Aubanel nous dit que « V se prononce d'une façon beaucoup moins ar-« ticulée que dans la langue française : on y introduit « une sorte d'*i* sourd qui fait dire les mots *va*, peine ; *vo'*, « épouse ; *voi*, éléphant ; à peu près comme s'ils étaient « écrits *via*, *vio'*, *vioi*. Cela n'a pas lieu lorsque le *v* pré-« cède la voyelle *i* ; dans ce cas la prononciation est la « même qu'en français. »

Ici s'arrête l'étude de la phonétique. Nous croyons avoir suffisamment développé cette question pour le cadre réservé à nos transcriptions géographiques. Il nous reste à la compléter par l'indication des signes particuliers.

Mais, de même que notre choix de lettres étrangères a été fort restreint, celui des signes sera très simple. Il ressort d'ailleurs tout naturellement de notre exposé que l'esprit rude (') est, comme d'usage, réservé à l'aspiration gutturale et l'esprit doux (') à l'aspiration douce de l'emphatisme [1] : c'est, comme valeur, le *aïn* (ع) arabe.

Dans les cas, précédemment étudiés, où l'*e* muet doit être figuré par un signe, il importe de distinguer celui-ci des deux signes précités sans sortir du matériel ordinaire de nos typographies. A cet effet, j'ai adopté l'*apostrophe renversée* (‘) placée à la suite de la consonne qu'elle affecte. Ainsi nous écrirons *Tourac'*, *Nam'-Dîñ*, etc.

---

1. Ce signe n'est applicable qu'aux consonnes, pour éviter les méprises que causeraient les groupes que nous avons étudiés; mais il n'y a pas lieu de l'employer pour les voyelles, l'*h* qui suit celles-ci, dans bon nombre de mots arabes et indiens ; ne pouvant jamais donner lieu à des confusions analogues.

Ce signe peut être fort justement appliqué à certains noms africains précédés d'une sorte d'*m* sourd initial comme dans *M'bsa*, *M'bomu*, etc.

Et c'est tout : il ne nous reste plus qu'à résumer et à conclure.

III.

RÉSUMÉ. CONCLUSION : TABLEAU GÉNÉRAL DE PHONÉTIQUE COMPARÉE ET RAPPORTÉE A L'ALPHABET DE TRANSCRIPTION.

« On compte, dit l'abbé Perny, sur la surface du globe
« au moins *huit cent soixante langues* parlées, divisées
« en plus de cinq mille dialectes. Dans ce nombre, *cin-*
« *quante-trois* langues appartiennent à l'Europe, *cent*
« *cinquante-trois* à l'Asie, *cent quinze* à l'Afrique, *cent*
« *dix-sept* à l'Océanie et *quatre-vingt-deux* à l'Amé-
« rique. »

« Les linguistes, dit-il plus loin, s'accordent à recon-
« naître trois grands types essentiels qui ont donné lieu
« à autant de classes de langues..... Le premier de
« ces types renferme les langues *monosyllabiques ;* le
« deuxième les langues *agglutinantes*, le troisième les
« langues à *flexion*. » On sait aussi que le deuxième
groupe se divise en *groupe africain*, en langues *toura-*
niennes et *holophrastiques*, et que le troisième comprend
les deux grandes familles *sémitique* et *indo-européenne*.

Quand on envisage l'immense nomenclature comprise sous ces vocables généraux, la tâche que nous avons accomplie paraît bien peu de chose. A la vérité nous nous sommes limités à quelques types principaux des langues écrites ; mais du moins celles-ci sont-elles les plus répandues à la surface du globe. Encore un peu de temps et ce qui reste des langues parlées, il y a deux siècles à peine dans les deux Amériques, aura tout à fait disparu devant l'*anglais*, l'*espagnol*, le *portugais* et aussi, disons-le bien haut, le *français* qu'une souche vigoureuse et prolifique, au Canada, propage sans cesse et défend contre les envahissements de l'anglo-saxon. La même destinée, certes, attend les idiomes africains. Du moins, dans la langue géographique, n'apprendrons-nous que par des bouches européennes les appellations indigènes.

Cependant, soit pour l'Afrique, soit pour l'Amérique, nous avons déjà des guides de transcription. Entre tous, Lepsius a donné une admirable synthèse des principaux idiomes parlés dans l'Amérique du Nord et dans toutes les parties connues de l'Afrique.

Pour le Nouveau-Monde, outre la transcription de l'*outoumi* déjà citée, langue des naturels du Mexique, il a donné celle du *grönlandais* et du *lennape*, ce dernier comprenant, d'une part, le *mikmak* et le *michigan*, et d'autre part, bon nombre des dialectes de la région des Alleghany, — à savoir : le *lennape* proprement dit ou *delaware*, le *sawanou*, le *saki-ottogami*, le *ménomé*, le *miami-illinois*, le *sunkikani*, le *narragauset*, le *massachussetts* ou *natick*, le *powhattan*, le *mohican-abenaqui*, l'*étéchéminé*, le *gaspésien*, l'*algonquino-chippaway*, le *knistenaux*, le *chepewyan* et le *tacoullier* ; — puis du *creek* ou *mouskogie* parlé dans la région du sud des Alleghanys et de la Savannah ; du *cherokee*, qui appartient à la famille des langues *algonquines* ; enfin de l'*iroquois*, autre langue de la famille *alléghanique*.

Pour l'Afrique je citerai, parmi les transcriptions de Lepsius, celle du *Yolof*, du *Mandingue*, du *M'pongwé*, du *Kafir*, du *Zoulou*, du *Galla*, du *Copte* et même des *Hiéroglyphes*.

De ce côté donc il y a une riche mine à exploiter par les transcripteurs, car on sait avec quel scrupule l'illustre polyglotte s'était attaché à rendre les nuances phonétiques les plus délicates.

Mais pour les langues asiatiques et pour la langue la plus répandue dans le nord de l'Afrique, l'arabe, je crois avoir exposé, d'après les autorités les plus compétentes, les conditions générales d'une transcription aussi régulière que possible. Cependant le lecteur le plus attentif et le plus exercé ne saurait tirer un utile profit de ce travail s'il n'avait sous les yeux un tableau comparatif de la phonétique des divers alphabets européens et asiatiques rapportée à l'alphabet de transcription. Ce tableau même est indispensable au géographe, soit qu'il veuille chercher la raison de l'orthographe appliquée à certains noms, soit qu'il veuille faire lui-même de la transcription méthodique.

On comprend facilement quelle doit être l'économie générale d'un tel tableau. La première et principale colonne contient toutes les lettres, diphthongues, consonnes et groupes les plus communs à toutes les langues, dont les alphabets, au nombre de cinquante, sont placés en regard du premier dans autant de colonnes latérales Une cinquante-et-unième colonne résume les transcriptions dites des missionnaires et, implicitement, celle de l'annamite.

Voici la liste des alphabets figurant dans ce tableau :

italien, espagnol, portugais, roumain, allemand, hollandais, anglais, danois, suédois, polonais, tchéque, serbo-croate, russe, slavon, slovène, cyrillique (ce dernier alphabet pour servir de comparaison avec les trois précédents), *gothique, celtique, grec, arménien, zend, sanscrit, bengali, indoustani, arabe, syriaque, hébreu, phénicien, éthiopien, mandchou, l'ibétain, barman* (ce dernier comme type du pâli), *malais, magyare, japonais, mongol, javanais, idiomes océaniens* (en un seul groupe), *idiomes américains du nord* (en un seul groupe), puis les idiomes précités de l'Afrique dans les transcriptions de Lepsius ; enfin le *géorgien* et le *chinois*.

Dans une dernière colonne sont résumées, avec des indices de renvoi, les observations essentielles afférentes à certains caractères ou les variations de transcription que doivent subir certains autres.

Pour les sources, en dehors de celles déjà désignées au cours de cette étude, il nous reste à nommer les auteurs dont nous avons consulté les grammaires ou les travaux spéciaux; ce sont : MM. P. Martin, Foucaux, l'abbé Garnier, Kuyper, de Ujfalvy, Paban, Rykaczewsky, Lucien Adam et les *Annales des missions.*

Si abondants que soient les travaux linguistiques, la part de l'inconnu est encore immense. Mais de quelque côté que l'on envisage le problème, deux conditions essentielles s'imposent. D'une part, il nous faudra désormais consulter les voyageurs les plus sérieux, les engager à bien observer la prononciation des noms nouveaux : les Français, en suivant un mode défini et régulier de transcription ; les étrangers, en transcrivant dans leur langue nationale et en évitant les consonnances ambiguës.

D'autre part, il faut qu'une fois pour toutes, MM. les auteurs, géographes et cartographes, se montrent plus soucieux de donner l'exemple, de se faire les interprètes fidèles des voyageurs et les transcripteurs logiques des idiomes dont la linguistique possède aujourd'hui les principaux éléments.

Cependant si bien établie que soit une transcription, elle est toujours conventionnelle et, partant, quelque peu empirique ; par conséquent, à côté des inéluctables difficultés, des à-peu-près avec lesquels il nous a fallu compter, il y a des impossibilités matérielles à rendre des articulations comme les *klicks* des Hottentots, des Cafres, des Betchouana, etc., que Lepsius s'est en vain efforcé de représenter par des signes dont nul n'a jamais pu ou su se servir. Cette impossibilité subsistera tant que l'écriture sera malhabile à rendre les claquements combinés de la langue et des lèvres, les roulements fricatifs ou explosifs du gosier, si fréquents dans les langues asiatiques et africaines ; tant que, surtout, l'on devra rester, et c'est pour bien longtemps encore, dans les données simples d'un alphabet vulgaire.

Pour ma part, j'espère m'être tenu entre les limites imposées par la double obligation de se rapprocher de l'exactitude dans les appellations géographiques et de n'ajouter à notre alphabet que le strict nécessaire pour le rendre applicable partout et par tous.

En effet, mes emprunts se résument à ceci :

1° LETTRES ÉTRANGÈRES : *ñ* espagnol (pour *gn* mouillé); *ö* allemand (pour *eu* diphthongue) ; *w* anglais (pour *ou* consonne) et, conditionnellement, *ł* (*l* barré) du Polonais et du Russe.

2° LETTRES OU GROUPES CONVENTIONNELS correspondant à des articulations spéciales impossibles à rendre exactement, — emprunts faits plus souvent aux transcriptions traditionnelles des linguistes qu'à des alphabets étrangers : — *kh, gh, th, dh, sh, dz* et *y (y* pointé, conditionnel pour le ы russe).

3° SIGNES CONVENTIONNELS. Ceux-ci se limitent à l'esprit rude et à l'esprit doux des Grecs ; plus l'apostrophe renversée pour tenir lieu des muettes [1].

On ne saurait, j'imagine, restreindre davantage le nombre des emprunts ou des créations artificielles. J'ai dû laisser à quelques consonnes complexes comme le *tcha* щ et le *chtcha* щ russes la transcription plus complexe encore, mais de toutes la plus intelligible, des grammairiens : *tch, chtch,* parce qu'il m'eût fallu forcer par trop la convention sans grande utilité pratique ; le *tch* ne se trouvant guère que dans le *russe,* le *sanscrit* et l'*indoustani ;* le *chtch* dans le *russe* seulement ; tous deux, en somme, dans peu de noms géographiques. Autant, du reste, est désirable et logique la transcription simple d'une lettre étrangère, autant serait abusive la création de caractères nouveaux lorsque l'importance de leur emploi ne la justifie pas suffisamment.

On ne saurait davantage considérer comme des emprunts ou des créations conventionnelles, les groupes de lettres nécessités par les diverses consonnances étrangères correspondantes, pas plus que ne le seraient des groupements nouveaux, formés dans le même esprit, auxquels nous obligeraient des mots échappés à notre

---

1. Je suis tout prêt à accepter, encore une fois, tout signe jugé plus pratique que ce dernier.

examen ou révélés, dans la suite, par les découvertes des voyageurs et les recherches des géographes.

Il faut bien, en outre, se persuader, et j'insiste sur ce point, qu'il n'est pas de si heureuse, de si habile transcription qui supplée, pour la prononciation exacte, à la connaissance complète, à la pratique des langues. En m'appliquant donc à me rapprocher de la phonétique rationnelle, ce n'est pas dans l'illusion que le public, même le plus instruit et le mieux préparé, arrive à prononcer tous les noms géographiques comme ils doivent l'être. Non, j'ai voulu simplement justifier les interprétations qui m'ont paru les plus acceptables et les plus voisines de la vérité : c'est à ceux qui me liront comme à vous, Messieurs, qui m'écoutez, à dire si j'ai bien atteint le but.

Si oui, si du moins j'ai pu donner un corps aux travaux épars de mes éminents prédécesseurs, cela tient peut-être à la fois à l'abandon voulu de tout esprit de système, de toute idée préconçue, au scrupule apporté dans mes investigations et à la résolution arrêtée de m'appuyer sur les autorités les plus incontestées, sur les précédents les plus légitimes.

Ma tâche néanmoins ne fait que commencer, car si cette étude constitue en soi un tout aussi complet qu'indispensable, elle n'est que le prologue d'un travail considérable et d'une bien autre portée : *le Lexique géographique.*

Mais encore, me dira-t-on, que sera ce lexique ? quelle sera surtout, au point de vue spécial de la linguistique, sa sanction devant le monde savant ? Car enfin le polyglotte le plus consommé ne saurait prétendre seul résoudre, avec une égale autorité toutes les difficultés d'une telle entreprise : les plus illustres ne l'ont pas tenté ?

A cela je réponds : quand le classement alphabétique des mots sera fait, avec la transcription et, chaque fois qu'il sera nécessaire, la prononciation de chacun d'eux d'après les règles et d'après l'alphabet proposés, chaque série de noms, répartie par nationalité, sera soumise aux instituts et aux linguistes spéciaux, aux associations scientifiques compétentes pour subir, de leur part, la même critique contradictoire que celle à laquelle je soumettrai préalablement la présente étude.

Pendant que s'exercera cette révision effective et que, par cette sorte de plébiscite, la sanction scientifique sera acquise, l'autre partie de la tâche s'accomplira ; c'est-à-dire que seront réunies et condensées, sous la forme la plus concrète, les données géographiques les plus utiles sur chaque nom de lieu. Ainsi compris, malgré le nombre relativement considérable de 180,000 à 200,000 mots, peut-être, accumulés dans le *Lexique géographique*, celui-ci restera un ouvrage accessible à tous, d'un prix et d'un volume, d'après mon projet, ne dépassant ni le volume ni le prix du *Ritter's geographisches statistisches Lexikon.*

Malgré l'énorme labeur qu'une telle publication résumera, je la mènerai d'autant plus aisément à bonne fin que mes sources sont assurées et que bon nombre de mes solutions concordent avec celles de nos grands auteurs géographes. Au surplus, mon code de transcription a la souplesse voulue pour satisfaire aux exigences d'une œuvre essentiellement vulgarisatrice sans s'écarter un instant de la régularité d'une méthode scientifique.

Et, si ce n'était trop d'illusion, peut-être reconnaîtra-t-on bien vite qu'il suffirait d'un peu de bonne volonté de la part des géographes étrangers pour que mon alphabet devienne le truchement universel des transcriptions géographiques. Je serais tout le premier d'ailleurs, au prix même de quelques concessions de détail [1], — la plupart des règles fondamentales étant pratiquées déjà par bon nombre d'entre eux, — à faciliter une telle solution et à la préconiser dans le monde géographique.

En attendant, je cours au-devant des critiques, je recherche les conseils : c'est dire combien j'accueillerai avec la plus profonde déférence, avec la plus vive gratitude, ce que voudront bien me donner, des unes et des autres, les personnes les plus compétentes. Avec de tels encouragements, je pourrai bientôt élever à la géographie un monument dont l'utilité, sinon la valeur, ne sera contestée par personne.

---

1. La plus importante serait l'adoption du caractère *u* pour le son *ou* qu'il a dans la majeure partie des langues, sauf à représenter notre son *u* par l'*ü* allemand. Un moment même la commission spéciale du ministère de la marine avait admis cette transcription et peut-être ne faudrait-il pas beaucoup forcer la main à tous nos géographes pour que cette solution soit préférée, car elle satisfait au principe de l'unité de caractère pour l'unité de son et aiderait beaucoup à une entente avec les géographes anglais et allemands, sans parler des autres.

ERRATA.

Page 109, ligne 22, lire : la règle devrait être la même pour toutes les langues européennes ; le grec, le russe, etc.
Page 111, ligne 23, lire : *caractères* au lieu de *correctères*.

APPENDICE

Pendant le cours de l'impression de ce travail, les événements ont marché ; la commission nommée par la Société de Géographie de Paris, dont j'ai parlé dans la note de la page 14, plus heureuse que sa devancière, a établi, non sans difficulté et non à l'unanimité, je crois, un codex de transcription qu'il importe d'analyser ici.

Hâtons-nous de dire qu'il s'agit bien plutôt de l'établissement d'un *modus vivendi* en vue d'uniformiser les transcriptions géographiques, que d'une réglementation résultant des lois phonétiques ou étymologiques dont nous nous sommes avant tout inspiré. Et l'on sait que nous voyons là, et plus que jamais, la base solide et logique de la solution cherchée par tous les géographes.

Comme toutes les personnes intéressées à cette question trouveront le rapport et la conclusion précités dans le compte rendu des travaux des Sociétés savantes publié par le ministère [1], je ne relèverai que les lacunes du système qu'elle préconise et surtout les divergences avec celui auquel nos recherches avaient abouti.

Au point de vue général, je trouve d'abord, dans le rapport même, ce qui suit : « Une deuxième règle qui s'impose de même que la première [2], c'est de conserver

---

1. On les trouvera également dans le 2ᵉ fascicule du *Bulletin de la Société de Géographie de l'Est*, année 1886.

2. La première a trait à l'abus des signes diacritiques.

« pour les noms de la famille européenne, la forme de
« leurs pays d'origine. »

On voit tout de suite la conséquence : de la sorte, les
noms géographiques de petits pays comme la Roumanie,
le Danemark, auraient droit de cité dans la langue géographique, tandis que disparaîtraient, sous leurs formes
originales, les noms de la Hongrie, de la Bohême tchèque et de tous ceux des pays Slaves, qui s'écrivent en
caractères latins dont quelques-uns diversement diacritisés. Or, nous savons que le roumain et toutes les langues scandinaves elles-mêmes ont un certain nombre de
caractères, diacritisés ou non, dont la valeur phonétique
est très différente de leurs similaires latins ou germains,
et qu'il n'y a pas plus de difficultés à la lecture des noms
magyares ou tchèques qu'à celle des noms roumains
ou suédois.

Donc, la pensée des auteurs du rapport a été bonne,
la conclusion en a été défectueuse. Aussi ai-je eu la
preuve, depuis lors, que l'éminent rapporteur de la
commission, M. Bouquet de la Grye, comprenait parfaitement cette inconséquence, et reconnaissait que la
règle devrait être la même pour tous ; les langues européennes, le grec, le russe et les idiomes qui s'écrivent
exclusivement par l'alphabet cyrillique ou par ses dérivés,
faisant seuls exception.

J'ai parlé, dans le cours de mon étude, des règles
adoptées par le conseil de la *Royal Geographical Society*
et par l'amirauté anglaise.

La commission de la Société de géographie de Paris
s'est beaucoup préoccupée de se conformer, dans la
mesure du possible, au système anglais, sous le prétexte

de concessions et d'emprunts que nos voisins d'outre-Manche auraient faits aux langues latines.

Au congrès de la Sorbonne, j'ai combattu énergiquement cette appréciation de la générosité et de la hauteur de vues des géographes anglais. Ils ont maintenu la prononciation des consonnes comme en anglais, ils ont pris pour type de la valeur phonétique de leurs voyelles celle des voyelles italiennes, ou plus simplement celle de leurs propres voyelles lorsqu'elles sont brèves. Voilà le système anglais et ses concessions.

Cependant, nous serions les derniers à refuser ce qui, dans le système proposé par la commission, tendra vers une *sage internationalisation*, suivant les termes mêmes du rapport. Aussi avons-nous toujours été nous-même disposé à accepter la lettre *u* (*u* italien et germanique) pour le son *ou* et nous applaudissons la commission de ce choix. Le son *u* sera rendu par *ü* allemand.

Par contre, la commission a été malheureusement inspirée en prenant le groupe *œ* pour le son *eu*, au lieu de *ö* germanique. Il est à remarquer que ce n'est ici qu'une préférence d'ordre purement typographique, l'un et l'autre étant des emprunts faits au tudesque. Mais le groupe *œ* a de tels inconvénients, — et je les ai fait amplement ressortir dans le cours de mon travail, — que certainement tous les transcripteurs préféreront la forme *ö* [1], dont sont munies aujourd'hui les typographies bien organisées.

---

1. On a objecté que *œ* était mieux compris que *ö* par les Français pour le son *eu*. Cela est inexact, car en latin, *œ* se prononce *é* et, en français, à l'exception du seul mot *œil*, partout *œ* est suivi de *u* pour prononcer *eu*. Ex : *œuf, bœuf*, etc.

Parmi les emprunts faits au système anglais par mes honorables collègues de Paris, je signalerai le groupe *sh* pour rendre l'articulation douce du *ch* français dans *chemin*. Cet emprunt est motivé sur les multiples consonnances du *ch* dans les diverses langues européennes et sur ce que, dans certains mots français d'origine étrangère, comme *shah*, *shall*, etc. ; nous sommes déjà préparés à l'adoption de ce groupe dans nos transcriptions.

Tout en l'acceptant, ce choix me paraît prématuré, sinon inconséquent. Notre *j* français, maintenu par la commission, a aussi des valeurs très diverses dans les alphabets européens ; les Anglais eux-mêmes ont pris soin de nous dire que leur *j* restait bien le *dji*, et, je cite textuellement, « que *dj* ne doit jamais être employé pour ce son ». Il y a donc là une inconséquence, ou plutôt peut-être un aveu d'impuissance de ne pouvoir rien trouver de plus satisfaisant que notre *j* français.

Cependant, si nous considérons que les Russes eux-mêmes, lorsqu'ils écrivent en caractères latins, se servent de *sh* pour l'articulation *ch*, il n'y a pas lieu d'insister. Mais, assurément, l'idéal, idéal qu'un congrès international pourrait fort bien réaliser, serait l'adoption des deux correctères š (*ch*) et č (*tch*) du slave tchèque dont le groupement réduirait au minimum possible la transcription de ces deux articulations et celle du щ russe.

Ailleurs, la commission a pris plus souci de la logique, mais d'une façon d'autant moins heureuse qu'elle heurtait de front tous les usages, toutes les traditions de la linguistique. Ainsi, tandis qu'elle adoptait, avec raison et faute de mieux, le *th* anglais pour le θ grec, elle a admis *dh* pour le δ. Or, non seulement il n'y a aucune similitude étymologique ou phonétique qui rattache le groupe *dh* au caractère grec, mais encore *dh* correspond, chez les arabisants, à une tout autre articulation. « Ce ne sont que des nuances, m'a dit à cela l'éminent rapporteur, et si nous avions voulu tenir compte des nuances, nous n'aurions abouti à rien. »

On a vu, par le détail dans lequel je suis entré au sujet des caractères arabes, l'importance de ces nuances, et certes la commission se ferait d'étranges illusions si elle pensait jamais faire entrer dans la pratique un langage ou une orthographe radicalement contraires à ceux de tous nos érudits arabisants. Si déjà nous éprouvons certaines difficultés, étant données les quelques divergences qui les séparent, à unifier l'orthographe des noms arabes, que sera-ce si nous y introduisons, sous prétexte de la simplifier, un nouvel élément d'interprétation ?

Je rendrai toutefois cette justice à M. Bouquet de la Grye qu'il convient que la plus large tolérance est admise en dehors des points précis définis par la commission, ce qui nous permet de rectifier ou de combler ce que son système a de trop sommaire et d'insuffisant.

Sur ce second point, la commission déclare que l'*e* sans accent satisfera à toutes les intonations de cette lettre si diversement accentuée chez nous. Nuances que tout cela. Cependant il ne sera jamais muet : ce qui veut dire que même les voyelles frustes de bon nombre de langues asiatiques écrites ne seront jamais figurées quand elles correspondront à notre *e* muet. Mais, comme ailleurs, la commission admet l'accent circonflexe [1], on

---

1. Le comité anglais a choisi l'accent aigu comme accent tonique.

se demande pourquoi elle rejette les deux autres. Est-ce par souci de l'internationalité problématique de son système ? Mais nous n'avons que faire de mutiler d'avance deux caractères si bien compris et employés couramment par tous les Français. Plus tard, nous verrons. Quant à la suppression absolue de la figuration de l'*e* muet, on ne saurait comprendre que de telles entorses soient ainsi données à l'étymologie.

Si nous avons admis nous-même la suppression du *c* dur, surtout comme figuration de prononciation, nous avons montré dans quels cas le *c* devait être maintenu. Il en est de même pour la lettre *x* que la commission supprime pour la remplacer par *ks*, ce qui revient à dire qu'on préfère un groupe de deux lettres à une seule, une figuration complexe à une figuration simple, sous prétexte que la lettre *x* a une autre valeur en espagnol. L'inconvénient est ici de beaucoup moindre que pour le *j* et pour le *ch*, d'autant plus que l'orthographe espagnole sera maintenue dans tous les pays où cette langue est parlée. D'autre part, la lettre *x* répond seule aux besoins des transcriptions annamites et nous devons la conserver, ne fût-ce qu'à ce titre. Pour des Français, elle ne créera jamais d'ambiguïtés, et les étrangers, les Espagnols eux-mêmes, s'y tromperont rarement. Je n'ai pas demandé là de tolérance plus grande, de la part de la commission, que celle qu'elle a eue pour la lettre *q*.

Enfin, à l'égard des nasales, les considérants du rapport disent : « que les conclusions ont été de ne point « modifier dans ce sens, provisoirement au moins, l'or- « thographe française ». On a vu que je ne me suis en rien écarté de la phonétique française dans les transcriptions des nasales diverses et que j'avais admis, comme la commission, l'*ñ* espagnol.

Le rapport étant également et absolument muet sur les lettres mouillées, les diphthongues, les aspirées et les emphatiques, mes conclusions restent entières. Mais dussent les choix conventionnels que j'ai faits de certains caractères, pour la figuration de noms particuliers, subir des modifications imposées par un congrès international ou par un usage constant, les rapports phonétiques n'en sont nullement altérés et le travail même de la commission de la Société de géographie de Paris apporte à mon étude une sanction d'autant plus précieuse qu'elle était plus inattendue. Mes principes étant incontestés, j'avais d'autant plus de motifs de me montrer facile sur les concessions de pure convention que je n'avais apporté en tout cela aucun parti pris, que j'étais d'accord sur la plupart des points avec la commission et qu'elle laissait en suspens un certain nombre de points sur lesquels on pouvait davantage contester ses solutions. C'est donc sous le bénéfice des observations dont on vient de lire le résumé, et des interprétations que j'ai données à ce système, que je m'y suis rallié, puisqu'ainsi, dans ses traits principaux tout au moins, il s'identifiait avec le mien.

J'ai donc également dû y conformer le tableau de *phonétique comparée* qui est le couronnement de ce travail, tout en rapprochant l'alphabet de transcription de notre phonétique usuelle, et en disposant ce même tableau pour recevoir les modifications éventuelles du mode conventionnel de transcription.

Je dois avertir les linguistes que si j'ai dressé ce

tableau d'après les grandes familles ou groupes de langues, telles qu'elles sont aujourd'hui classées, j'ai donné le pas à la phonétique sur la linguistique. Je me défends donc à l'avance de l'apparente hérésie que je commets en plaçant le *turk* avec le *persan* et l'*indoustani* parmi les langues *indo-européennes* et non parmi les langues *touraniennes*. Si par ses racines et sa grammaire, le *turk* est très différent du *persan* et de l'*indoustani*, son alphabet est exactement le même et subit les mêmes modifications phonétiques que l'alphabet persi-indien. On sait d'ailleurs que l'un et l'autre, comme le malais, sont empruntés à une langue sémitique : l'arabe.

Et maintenant, le système de transcription n'attend plus que la sanction des congrès et des géographes, et surtout le truchement le plus propre à le faire accepter par l'usage : un *Lexique géographique.*

J'ai dit ce qu'il en est. En attendant, la question des transcriptions géographiques vient de faire un pas considérable en avant, elle vient d'accomplir une étape, non peut-être la dernière, mais assurément décisive, et je serais trop heureux si, suivant l'expression même de M. Bouquet de la Grye, j'ai pu y contribuer pour ma part.

Nancy, imp. Berger-Levrault et Cⁱᵉ.